Kleine Bibliothek 150

Politik Wissenschaft Zukunft

Johanna Hund
Christine Preiß
(Hrsg.)

Die Unbescheidenen

Betriebsrätinnen erzählen

zur Führerschein-
prüfung (bestandenen)
für Patrizia.
31.10.84
von Rachid + Jutta

Pahl-Rugenstein

Umschlag: Ausbildung arbeitsloser Frauen in Männerberufen, Berufsförderungszentrum Essen. Foto: Gabriele Jakobi, Köln
Porträtfotos im Textteil: Harald Frey, München
Gesamtherstellung: Fuldaer Verlagsanstalt

CIP-Kurztitelaufnahme der Deutschen Bibliothek
Die Unbescheidenen: Betriebsrätinnen erzählen / Johanna Hund; Christine Preiß (Hrsg.). – Köln: Pahl-Rugenstein, 1979.
(Kleine Bibliothek; 150)
ISBN 3-7609-0429-7
NE: Hund, Johanna [Hrsg.]

Inhalt

Vorwort

So kann es einem als Betriebsrätin gehen: Du bist gerade drei Monate Betriebsratsmitglied, da legt plötzlich der langjährige Vorsitzende zusammen mit einer Kollegin sein Mandat nieder, weil er vor bevorstehenden Auseinandersetzungen mit der Institutsleitung Angst hat. Mit den nachrückenden Kolleginnen ist es jetzt ein Betriebsrat aus sieben Frauen. Du wirst gleich Vorsitzende. Da stehst du nun zwischen der Gewißheit »Es muß weitergehen!« und der Frage »Wie denn?«. Gemeinsam ist es aber zu schaffen.

Aus solchen Erfahrungen von Johanna z. B. und unserer sozialwissenschaftlichen Forschungsarbeit, bei der es um die Auswirkungen der Rationalisierung auf die Beschäftigten ging, entstand die Idee zu diesem Buch. Warum sollten nicht einmal Frauen zu Wort kommen, die – ohne im Rampenlicht zu stehen – in der Praxis und nicht erst seit heute für die Interessen der Frauen kämpfen?

Wir wollten bei der Auswahl unserer Gesprächspartnerinnen nicht nach sogenannten repräsentativen Kriterien vorgehen und hätten das aus zeitlichen und finanziellen Gründen auch nicht gekonnt. Wichtiger schien uns, einen lebendigen und realistischen Eindruck von Frauen, die Betriebsrätinnen sind, zu vermitteln. Unser einziges Auswahlkriterium war gewerkschaftliche Organisierung als Voraussetzung erfolgreicher Betriebsratsarbeit. Wir haben allerdings versucht, Frauen aus verschiedenen Industriezweigen und Gewerkschaften zu finden. Einige kannten wir, andere haben wir erst durch unsere Gespräche kennengelernt.

Im Mittelpunkt standen zwei Fragen:
Wie wird eine Frau Betriebsrätin?
Wie bewältigt sie diese Arbeit?

Obwohl unsere Frauen wirklich keine wissenschaftlich ermittelte Auswahl darstellen, überraschte uns, wie ähnlich ihre Erfahrungen sind. Daß ein gewerkschaftliches Engagement im Betrieb nicht selten auch eine Funktion nach sich zieht, ist so außergewöhnlich nicht, dagegen eher, wie diese Frauen zu ihren betrieblichen Funktionen kommen: Eine spricht spontan auf einer Betriebsversammlung, eine andere hilft mal eben ihren ausländischen Kollegen beim Entziffern der Lohnabrechnung, eine dritte ist gerade ein halbes Jahr in der gewerkschaftlichen Jugendgruppe . . . und schon werden sie angesprochen, ob sie nicht für den Betriebsrat oder die Jugendvertretung kandidieren wollen. Die Frauen sind auf diese Arbeit völlig unvorbereitet, selbst dann, wenn sie vorher bereits Ersatzmitglied waren. Alle beißen sich zäh und mutig durch.

Muß ein Anfang so schwer sein? Ist dies nicht unausgesprochen eine Kritik an der gewerkschaftlichen Vertrauensleutearbeit im Betrieb? Sie kommt auch darin zum Ausdruck, daß die Frauen schildern, wie allein auf sich gestellt, oft ohne solidarische Unterstützung und den notwendigen Rückhalt bei den Kollegen sie tagtäglich den Kampf gegen die Arbeitgeber führen. Dies veranlaßt sie aber nicht, in »kritische Distanz« zu den Gewerkschaften zu gehen, wie mancher Vertreterin der »neuen« Frauenbewegung angebracht erscheint. Durch die Erfahrung der betrieblichen Realität als eines ungleichen Machtverhältnisses werden die Frauen bewußt oder spontan in die entgegengesetzte Richtung gedrängt: Die eigene Arbeit verbessern und vorantreiben, heißt für sie, mehr Mitglieder für die Gewerkschaften zu gewinnen. Und trotzdem wird Kritik an der gewerkschaftlichen Arbeit geäußert, insbesondere was die unzulängliche Aufklärung von Frauen über ihre Rechte am unmittelbaren Arbeitsplatz anbetrifft.

Noch immer sind es zu wenig Frauen, die organisiert und aktiv sind. Engagiert sich mal eine, bekommt sie gleich mehrere Funktionen. Dadurch sind zusätzliche persönliche Opfer erforderlich. Diese Situation läßt leicht das Gefühl aufkommen, überfordert zu sein.

Wie viele Hürden müssen Frauen nehmen und welch ein Hohn das offiziöse Gerede von Gleichberechtigung in der

BRD! Die Berichte unserer Frauen sind geradezu ein Dokument: Frauen müssen nicht nur im Beruf mehr leisten als Männer, sondern auch in ihren Funktionen. Jede Frau muß zusätzlich mit dem Widerspruch: Mann/Kinder auf der einen, Gewerkschafts- und Betriebsarbeit auf der anderen Seite, fertig werden. Wenn Männer Funktionen übernehmen, passen sich Frauen und Kinder an; Frauen in der gleichen Situation müssen sich auch in ihren Familien erst Freiraum und Anerkennung für diese Arbeit erkämpfen.

Wie die von uns interviewten Frauen diesen Konflikt erleben und mit ihm umgehen, ist sicherlich verallgemeinerbar und typisch für die Situation der Frau. Weil sie ihn als eine ganz private, nur mit ihrer Person verknüpfte Angelegenheit empfinden, erscheinen ihnen Familie und Funktion als Gegensätze, die kaum miteinander vereinbar sind. Frieda H.: »Man kann ja meistens feststellen, daß Frauen, die sich so engagieren, keine Familie haben, also keine Kinder und meistens auch keinen Mann . . .« Dazu kommt, daß viele Männer nach wie vor nicht bereit sind, auf ihre überkommenen Privilegien zu verzichten. Ingeborg T.: ». . . vor allen Dingen ist er von der Art, daß er keinesfalls selber irgendwas im Haushalt tun will. Dem ist es schon zu viel, wenn er sich etwas warm machen und womöglich noch das Geschirr abspülen muß . . .«

Alle Frauen machen einen Emanzipationsprozeß durch. Monika H.: »Er hat dann öfter gesagt: Ich wachse ihm über den Kopf . . .« In diesem Emanzipationsprozeß beginnt sich ihr Selbstbewußtsein zu entwickeln, das Engagement wird so positiv für die Entfaltung der Persönlichkeit durchlebt, daß ein Zurück unmöglich wird, und schließlich wachsen auch die Ansprüche an den Partner. Hierin deutet sich eine mögliche Lösung des Konflikts an. Elisabeth M.: »Wenn man als Frau eine solche Arbeit ernst und gut machen will, kann man, wenn man verheiratet ist, auf die Unterstützung des Mannes nicht verzichten . . . Ich hab großes Glück mit meinem jetzigen Mann. Er akzeptiert mein Engagement . . .« Überraschend ist, wie bescheiden noch die Ansprüche an Staat und Gesellschaft sind.

Leser, deren Heimat nördlich des Mains liegt, mag die Ausdrucksweise unserer Frauen etwas befremden, die alle in München und Umgebung arbeiten und leben und darüber hinaus auch zufällig alle aus dem Süden unseres Landes stammen. Wir waren bemüht, die Protokolle lesbar zu machen, ohne den Duktus der gesprochenen Sprache auszumerzen. Wir wollten bewußt nicht die sogenannte Sprachnorm reinredigieren.

Es bleibt uns, all denen zu danken, die zum Entstehen dieses Buches beigetragen haben, insbesondere Erika Runge für Rat und Ermutigung. Danken möchten wir auch Ursel Schindler, Elke Bohn und Meike Chmara für geduldige Hilfe bei der technischen Herstellung, und Rudi Führer danken wir für seine sprachlichen Ratschläge. Die Fotos sind von Harald Frey; sie sollen entschädigen für das, was an Unmittelbarkeit bei der schriftlichen Aufzeichnung des gesprochenen Wortes unvermeidlich verloren geht.

Der Titel »Die Unbescheidenen« wird Frigga Haug verdankt.

Januar 1979

Johanna Hund
Christine Preiß

Die Berufsarbeit ist eine der wesentlichsten Voraussetzungen für die Gleichberechtigung der Frau, sie ist nicht die Gleichberechtigung selbst.

Gisela Kessler

Mir kommt's vor, als hätt sich mein Leben um 180 Grad gedreht

Ingeborg T.
47 Jahre, 3 Kinder
Beruf: Verkäuferin, tätig als Akkordarbeiterin

Mitglied der IG Metall
Betriebsratsvorsitzende (freigestellt)

metallverarbeitender Betrieb
ca. 1100 Beschäftigte

Wir waren sechs Kinder, mein Vater war Arbeiter. Ich bin zuerst in die Oberschule gegangen, war sehr begabt, und hab deshalb während des Dritten Reiches auch das Schulgeld vom Staat bezahlt bekommen. Ich wollte immer Sprachen studieren oder Germanistik, das wär mir das Liebste gewesen. Aber mein Vater hat das nicht bezahlen können: Weil wir viele Kinder waren, mußt ich einen Beruf erlernen. Damals hatte man keine große Auswahl, man lernte entweder Verkäuferin oder Friseuse oder so was ähnliches. Bei mir war's halt so, ich bin Lebensmittelverkäuferin geworden. Ich hab zwar die Kaufmannsgehilfenprüfung als Beste in ganz Bayern abgelegt, aber hab dann eigentlich nur ganz kurz als Gehilfin gearbeitet. Hab früh geheiratet, drei Kinder bekommen und war während dieser Zeit nicht berufstätig. Das waren elf Jahre.

Als ich geschieden war, mußte ich mich wieder nach einem Erwerb umsehen, da ich keine große Unterhaltszahlung von meinem geschiedenen Mann bekam. Die Kinder mußte ich am Anfang in ein Kinderheim geben, weil sie noch klein waren. Ich begann dann hier in dieser Firma als Akkordarbeiterin in der Montage zu arbeiten. Das war sehr schwer. Ich muß ehrlich sagen, ich hab zwei Wochen jeden Tag geweint und hab jeden Tag gedacht: Also morgen kommst nimmer. Aber ich hab dann immer wieder eine Woche angehängt und wieder einen Monat, dann sind draus Jahre geworden, und jetzt bin ich schon fast 16 Jahre hier.

Ich mußte in der Antennenmontage im Akkord arbeiten, im Gruppenakkord! Das ist mörderisch, weil einer den anderen treibt. Es werden da Akkordlohnscheine angestempelt, so und so viel Stückzahl vorgegeben, die Arbeit wird unter der Gruppe aufgeteilt, und am Schluß werden die Zettel wieder abgestempelt und zusammengelegt. Und je nachdem, wie lange die Gruppe gebraucht hat, wird dann der Lohn gleichmäßig aufgeteilt. Dadurch herrscht wenig Kollegialität, weil jeder Angst hat, daß der andere zu wenig arbeitet und er für ihn mitarbeiten muß. Bei Einzelakkorden ist das leichter, weil jeder das verdient, was er allein leisten kann. Es waren lauter Frauenarbeitsplätze in der Lohngruppe 2, also praktisch der *zweitniedrigsten* Lohngruppe: angelernte Tätigkeit. Inzwischen gibt es ja die Belastungsstufen. Zum Beispiel wäre die Tätigkeit, die ich zuletzt ausgeübt habe, als Verpackerin, jetzt Lohngruppe 5, weil es Belastungsstufe 2 ist. Verpackungsarbeiten sind Belastungsstufe 2. Lohngruppe 2 und Belastungsstufe 2 = Lohngruppe 5. Ich würde praktisch jetzt mehr verdienen. Allerdings sind seit der Rezession die Akkorde sehr stark gedrückt worden.

Eigentlich bin ich ein friedlicher Mensch. Mit den Kolleginnen bin ich an und für sich gut ausgekommen, hab mich grundsätzlich nie auf einen Streit eingelassen, trotzdem hab ich mich immer, wenn irgendwas war, für andere eingesetzt und mußte dann beim Meister die Hiebe einstecken. Ich wurde dreimal bei der Betriebsratswahl aufgestellt, aber in einer so großen Firma, wenn man da kleine Arbeiterin in einer Abteilung ist, kennt einen ja niemand. Man wird höchstens von derselben Abteilung gewählt, aber nicht vom ganzen Betrieb. Die meisten Chancen hatten immer diejenigen, die im ganzen Betrieb rumkamen, wie Kontrolleure oder Betriebshandwerker, weil die überall bekannt waren. Oder halt die Frauen, die in den größeren Abteilungen waren. Meine Abteilung war nicht groß und dadurch bin ich nie reingekommen. Ich war nur viertes Ersatzmitglied.

Im Sommer 1972 wurde ich als Ersatzmitglied einmal zu einer Betriebsratssitzung eingeladen. Grade an diesem Tag erklärte der Vorsitzende, daß er wegen der unüberwindlichen Schwierigkeiten mit der Geschäftsleitung sein Amt niederlegen und aus der Firma ausscheiden wolle. Er stellte dann die

Frage, wer von den Kollegen nun bereit sei, die Funktion des Vorsitzenden zu übernehmen, und alle erklärten, sie hätten keinerlei Interesse daran, denn wenn er schon nicht zu Rande kommen würde, wäre auch kein anderer dazu fähig. Der Betriebsrat sollte also aufgelöst werden und die Firma ohne Betriebsrat sein. Während der ganzen Zeit hab ich kein Wort gesagt, hab mir das angehört und gedacht, für mich ist die Frage ja uninteressant, weil ich als Ersatzmitglied sowieso nie Vorsitzende werden könnte. Und plötzlich schauten alle auf mich und fragten mich, ob ich vielleicht Interesse hätte. Ich sagte: »Die Frage ist vollkommen undiskutabel, weil ich nur Ersatzmitglied bin und ziemlich weit hinten auf der Liste stehe.« Daraufhin erklärten vier, sie würden sofort aus dem Betriebsrat zurücktreten, damit ich nachrutschen würde. Das machten sie auch, und ich wurde am selben Tag noch ordentliches Betriebsratsmitglied. Dann gab man mir 14 Tage Bedenkzeit, mich zu entscheiden, ob ich mich in dieses Amt wählen lassen würde oder nicht.

Ich hatte vorher nie mit Betriebsratstätigkeit zu tun, hab mich dafür zwar immer sehr interessiert und auch schon viel darüber gelesen. Mein Vater war früher auch Bertriebsratsvorsitzender, vielleicht liegt es daher ein wenig im Blut, das Sich-Einsetzen für andere. Ich bin kein Mitglied der Gewerkschaft gewesen, weil in dieser Firma fast kein Mensch organisiert war – ich glaub, das waren nur fünf oder zehn Leute –, und es ist nie jemand gekommen und hat gesagt: »Willst dich nicht organisieren lassen?«

Ich hab die Bedenkzeit angenommen. Nach drei Tagen sprach bereits der ganze Betrieb davon, daß ich neue Betriebsratsvorsitzende werden würde. Daraufhin habe ich mir überlegt, daß es praktisch Feigheit wäre, wenn ich das jetzt nicht machen würde, und hab zugesagt. Bin dann sofort freigestellt und auf einen Lehrgang der IG Metall geschickt worden und auch sofort in die Gewerkschaft eingetreten.

Jetzt sind wir drei Frauen von 15 Betriebsräten, also die Männer haben zahlenmäßig die Übermacht. Aber keiner wollte jemals Vorsitzender werden, alle haben das gescheut wegen der Auseinandersetzungen mit dem Arbeitgeber. Die Firma ist eine KG, also eine Personengesellschaft, man hat mit dem Betriebsinhaber selbst zu tun. Es war furchtbar schwer am Anfang. Wir haben als erstes sofort die übliche Samstagsarbeit vor Weihnachten abgeschafft und die unkontrollierten und ungenehmigten Überstunden, die einfach autoritär von der Geschäftsleitung angeordnet wurden. Wir haben auch sofort eine Betriebsversammlung einberufen. Das war nämlich bis dahin nicht üblich, nur alle heilige Zeit einmal, und dann meistens nicht länger als eine Stunde und noch dazu zwischen dreckigen Stanzmaschinen, zusammengepfercht in der Stanzerei. Wir haben durchgesetzt, daß die Betriebsversammlung außer Haus in einer großen Halle durchgeführt wird. Außerdem haben wir alle Mitbestimmungsrechte gefordert, bei Einstellungen und Kündigungen. Die Geschäftsleitung hat mir Fallen gestellt, in die ich natürlich manchmal reingetappt bin, weil ich noch keine Erfahrung hatte.

Da erinnere ich mich an das erste Weihnachten als Betriebsratsvorsitzende, noch vollkommen unerfahren mit der betriebsüblichen Praxis und den gesetzlichen Verordnungen. Ich bin damals zum Personalleiter gegangen und hab ihn gebeten, er solle doch den Ausländern bis zu drei Tagen unbezahlten Urlaub geben, damit sie nach Hause fahren können, weil viele Ausländer mich flehentlich darum gebeten hatten. Anfänglich wollte man nicht, und als ich dann unzählige Gründe vorbrachte, sagte der Personalleiter zu mir: »Gut, wenn Sie meinen, dann machen wir's so. Aber Sie müssen jetzt hier erklären, daß Sie damit einverstanden sind, daß die Ausländer aus dem Betrieb fliegen, die nicht an dem Tag wieder zu arbeiten beginnen, an dem sie wieder da sein müssen.« Ich war felsenfest überzeugt, daß sie da sind, und habe mich einverstanden erklärt. Prompt war dann so ein Fall, daß eine Putzfrau, die, wie sich nachträglich herausstellte, einen Unfall unterwegs hatte und das Auto zur Reparatur geben mußte, eben nicht am ersten Arbeitstag erschienen ist, sondern erst zwei Tage später. Daraufhin hat man ihr sofort ohne Anhörung des Betriebsrats fristlos gekündigt.

Diese Frau, eine Jugoslawin, war organisiert. Als die Gewerkschaft sagte: »Diese Kündigung ist hinfällig, weil sie ohne Anhörung des Betriebsrates erfolgt ist«, hat die Geschäftsleitung natürlich triumphierend gekontert: »Wir haben eine Vereinbarung mit der Betriebsratsvorsitzenden, daß wir ohne weiteres kündigen können.« Die Jugoslawin ist vors Arbeitsgericht gegangen, und die Firma hat zahlen müssen.

Das könnte man doch als eine Falle bezeichnen. Wenn der Betriebsrat anders gewesen wäre, dann hätte es geheißen: Liebe Vorsitzende, das war deine letzte Tat! Es ist so, der Betriebsratsvorsitzende kann immer nur die Erklärungen der Geschäftsleitung entgegennehmen, aber der gesamte Betriebsrat hat dann darüber abzustimmen. Der Vorsitzende kann also keinerlei Vereinbarungen mit der Geschäftsleitung alleine treffen, das ist unmöglich.

Es war wirklich, wie man so sagt, ein Hundeleben, besonders als Vorsitzende. Die anderen Betriebsräte waren nicht sehr bewußt und haben Angst gehabt und sich immer hinter meinem Rücken versteckt, wenn es irgendwelche Schwierigkeiten gab. Mit der Zeit wurde es besser, die Männer haben mehr und mehr Solidarität gezeigt und auch gut mitgearbeitet. Die Beschlüsse fielen dann auch dementsprechend aus. Einige Male sind wir sogar gegen den Arbeitsgeber vors Arbeitsgericht gegangen, was für diesen Betrieb eine ungeheuerliche Sache war, weil das vorher noch nie dagewesen war.

Wir haben auch sofort angefangen, den Betrieb zu organisieren. Die Arbeitnehmer kommen fast alle aus dem bäuerlichen Hinterland und haben eine entsprechende Einstellung zur Gewerkschaft. Auf dem Land ist die Gewerkschaft wenig bekannt. Trotzdem haben wir erreicht, daß wir etwa ein Drittel organisiert haben. Bei den Frauen ist das Organisationsverhältnis am besten. Die, die hier als erste organisiert waren, waren die Frauen. Vielleicht ist es auch mit mein Verdienst, weil ich für die Frauen viel getan hab. Ich bin nämlich im Akkordausschuß.

Das ist ein Ausschuß, der vom Betriebsrat zur Wahrnehmung von Akkordstreitigkeiten und dergleichen gebildet wird; also wenn sich Leute über schlechte Vorgabezeit beschweren oder weil man ihnen den Einarbeitungszuschlag verweigert oder die Arbeit vielleicht vom Material her nicht gut geht. Dann kommen sie zum Akkordausschuß. Der sieht sich die Sache an, urteilt, was man machen kann, und richtet ein Schreiben an den Chef der Arbeitsvorbereitung, der für Akkordsachen von seiten der Geschäftsleitung zuständig ist. Wenn sie ablehnen, beantragt der Betriebsrat den Zusammentritt der Akkordkommission. Die Akkordkommission ist paritätisch besetzt, also gleichviel von der Arbeitgeberseite wie von der Arbeitnehmerseite. Dort wird abgestimmt, ob der Antrag der Arbeitnehmerin berechtigt ist, meistens sind's Arbeitnehmerinnen, weil bei uns mindestens 98% der Akkordarbeiter Frauen sind.

Der Akkordausschuß ist heute in der Rezession einer der wichtigsten Ausschüsse. Die Akkorde, die in der Hochkonjunktur hoch waren – die Leute haben bis 160 Prozent verdient, und man hat kein Wort dazu gesagt; Hauptsache, die Ware ist gefertigt worden, der Verdienst der Leute war da nicht maßgebend –, werden heute gedrosselt. Man sieht mehr auf die Kosten, die Artikel sollen möglichst billig sein, also fängt man in der Fertigung mit Sparen an, und das trifft die Akkordarbeiter am härtesten.

Es gibt auch immer Auslegungsstreitigkeiten um die Einarbeitungszuschläge. Sie sagen: Löten ist gleich Löten; wir sagen: Jeder Verstärker ist anders, weil man sich bei den vielen Teilen, die eingelötet werden müssen, die Anordnung immer wieder neu einprägen muß, und dazu braucht man eine gewisse Anlaufzeit, bis man das automatisch wie im Schlaf macht. Deshalb fordern wir Einarbeitungszuschläge, wie sie laut Manteltarif zu zahlen sind. Da gibt's erbitterte Auseinandersetzungen, weil jeder Zuschlag und jede Minute, die dazugegeben wird, jeder Mehrkostenlohn, wie das hier bezeichnet wird, eben den Artikel verteuern kann.

Inzwischen wurde die Firma von unserem Juniorchef übernommen und alles, was wir die letzten Jahre erkämpft hatten, wieder infrage gestellt. Die jungen Unternehmer haben einen ganz anderen Führungsstil, sie haben die Devise, mehr oder weniger die alten Zustände wieder herzustellen, sie wollen autoritär herrschen. Das ist auch beiserem Chef der Fall. Er versucht, den Manteltarif und das Betriebsverfassungsgesetz zu unterlaufen. Er macht uns Schwierigkeiten, wo es nur geht, ist total auf Konfrontationskurs.

Ich glaube, als Frau muß man schon doppelt so hart arbeiten wie ein Mann, ganz gleich, ob das im Beruf ist oder in einem Amt. Anfangs hat man immer spöttisch gesagt: »Ja, glauben Sie, daß Sie das überhaupt machen können? Sie wissen doch nicht, was für die Firma gut ist oder nicht. Sie haben doch überhaupt keine Ahnung!« Ich habe dann nur gesagt: »Es kann möglich sein, daß ich keine Ahnung habe, aber die Zukunft wird's ja erweisen, ob ich geeignet bin oder nicht.« Inzwischen haben sie mich anerkannt, sogar die Geschäftsleitung und auch unsere stolzen Angestellten, die ja immer gegen den Betriebsrat waren.

Jede Kränkung hat mich natürlich innerlich sehr geschmerzt, aber äußerlich habe ich mir das nicht anmerken lassen. Ich hab ihnen nie die Genugtuung verschafft, mich geschlagen zu geben oder mich irgendwie unsicher zu zeigen. Mit der Zeit bin ich immer sicherer geworden, das bringt diese Arbeit einfach mit sich. Ich hab mich selber über mich gewundert. Inzwischen bin ich bekannt dafür, daß ich der Geschäftsleitung Dinge sage, die sich kein Mensch jemals hier erlaubt hat. Ich rede ganz offen, greife sie auch in der Betriebsversammlung an, selbst wenn der Chef direkt vor meiner Nase sitzt, das ist mir gleichgültig. Der ist 27 Jahre, ich könnt ja seine Mutter sein, das hab ich ihm auch schon gesagt.

Ich hab an sich nie Angst gehabt, weil ich durch die Schule eine recht gute Allgemeinbildung hatte, die habe ich während der ganzen Jahre gepflegt. Auch als ich nicht berufstätig war, hab ich meine ganze Freizeit ausgenützt, Kurse bei der Volkshochschule belegt und gute Bücher gelesen.

Die Kinder sind in einem Kinderheim gewesen und kamen bloß in den Ferien nach Hause. Ich hab sie dann nacheinander heimgeholt. Die ältere Tochter ist 1964 zurückgekommen, mein Sohn 1970, ein Jahr drauf die Kleine. Ich muß sagen, ich hab recht brave Kinder gehabt. Besonders meine Ältere, die hat neben ihrem Haufen Schulaufgaben immer noch teilweise Hausarbeiten verrichtet, geputzt und abgespült, auch Betten gemacht und genäht. Sie war recht begabt. Das Nähen hat sie im Kinderheim gelernt. Mein Sohn, der hat so gerne gekocht und sich dann schon selber das Essen bereitet.

Ich hab nicht wieder geheiratet, hab aber einen Bekannten, der bei uns seit 17 Jahren in der Wohnung lebt. Mit ihm hab ich sehr große Schwierigkeiten, seit ich Betriebsratsvorsitzende mit all den Funktionen geworden bin. Die Funktionen kommen ja zwangsläufig. Die Gewerkschaft hat nicht vergessen, daß der Schlüsselbetrieb in Rosenheim, der ihr immer verschlossen war, durch mich geöffnet wurde. Aber mein Bekannter will nicht, daß ich abends alleine weggehe, z. B. von Tarifverhandlungen spät nach Hause komme, und vor allen Dingen ist er von der Art, daß er keinesfalls selber irgendwas im Haushalt tun will. Dem ist es schon zuviel, wenn er sich etwas warm machen und womöglich noch das Geschirr abspülen muß. Meistens muß ich das machen, wenn ich nach Hause komme.

Wenn man solche Funktionen hat, muß man viel Freizeit opfern. Man muß auf Lehrgänge gehen, im Jahr mindestens einmal. Am Anfang hab ich mehrere Lehrgänge im Jahr gemacht, aber die Lage zu Hause hat sich so zugespitzt, daß ich die letzten Jahre nur noch einen besucht habe. Er hat dann wochenlang mit mir nicht mehr gesprochen. Als ich in die Tarifkommission berufen wurde, ist das noch schlimmer geworden. Er ist halt so, er droht mir immer, er wird mich, wenn er die Nase voll hat, verlassen. Er hat's zwar bis jetzt nicht getan, aber es steht jeden Tag im Raum.

Ich hab am Anfang einfach meinen ganzen Mut zusammengenommen, obwohl ich eigentlich das typisch weibliche Untertanenbewußtsein gehabt hab. Aber die Betriebsratsarbeit schien mir plötzlich so wichtig und hat mein Leben so stark positiv verändert, daß ich immer gedacht habe, lieber will ich ihn verlieren als diese Tätigkeit. Und so hab ich mich dann durchgesetzt, bin einfach gefahren, wenn's soweit war – obwohl es Krach gab. Ich hab natürlich seelisch trotzdem darunter gelitten, und die Nervenbelastung, die bei diesen Ämtern sehr groß ist, wird dadurch noch viel stärker, weil man immer Angst hat, wenn man heimkommt: Was wird wieder los sein?

Aber man kann ja nicht im Betrieb selbstbewußt gegenüber dem Arbeitgeber auftreten und dann zu Hause total zurückstecken. Das geht nicht. Automatisch wird man einfach aggressiver auch zu Hause, selbst wenn man das gar nicht will. Das ist die Konsequenz. Und deshalb natürlich auch die Konflikte, denn er wirft mir vor, daß ich ziemlich frech geworden bin und nur tue, was mir paßt. Wobei er einfach nicht begreifen will, daß die Betriebsratsarbeit für mich sehr wichtig ist und daß ich *nie* mehr glücklich sein könnte, wenn ich zurückkehren müßte zur Akkordarbeit. Denn ich muß ganz ehrlich sagen, obwohl es schwer ist, ist für mich selber das Ganze so lebensbereichernd. Ich setze mich furchtbar gern für andere Menschen ein, selbst wenn man auch mehr Undank als Dank hat, aber jeder kleine Dank ist für mich mehr wert als alles andere.

Die meisten Kolleginnen sagen, sie möchten das gar nicht machen, was ich mach. Ihnen ist ihre Ruhe und Freizeit lieber. Es ist sehr schwer, Frauen für etwas zu begeistern. Jede Frau scheut die Konfrontation mit dem Mann, ihm zu sagen: »Du, ich muß jetzt mal dahin oder dorthin.« Das führt bei fast allen Frauen zu Konflikten. Ich hab immer versucht, den Kolleginnen klarzumachen – und mich als Beispiel hingestellt –, daß es geht und daß es auch ein Gewinn für die Persönlichkeit ist. Aber meistens stößt man auf taube Ohren. Ich hab mich auch bemüht, Frauen zu Frauenversammlungen oder in den Frauenausschuß mitzunehmen, aber dann heißt's immer: »Ja, da muß ich zuerst meinen Mann fragen«, und dann hört man nix mehr, oder: »Mein Mann will das nicht«, oder: »Ja, ich hab so viel Arbeit, wissen Sie, ich hab einen Haushalt.« Wenn ich dann sag: »Ja, schauen S', ich hab auch einen Haushalt« – dann heißt's: na ja, ich wär ja nicht so dumm wie sie.

Es muß leider gesagt werden, Frauen sind untereinander nicht sehr solidarisch. Das ist vielleicht das Handikap bei den Frauen. Der Neid der Frauen untereinander, ich weiß nicht, das hängt von so vielem ab. Die Meister nützen das sehr geschickt aus. Sie spalten das weibliche Lager auf. Zum Beispiel bei den Akkordarbeiten, da gibt's gute und schlechte, leichte und schwere Arbeiten, solche, die schmutzig sind, und andere, wo man auch mit einem guten G'wand dasitzen kann. Die einen haben gute Zeiten, und die anderen haben schlechte Zeiten. So teilen sie die Leute auf, die einen werden bevorzugt, und die werden dann von den anderen gehaßt. Sie versuchen natürlich auch, in Ältere und Jüngere aufzuspalten. Die Älteren haben einen Zorn auf die Jüngeren und sagen: »Die, weil die da rumschwanzeln kann, oder weil sie 17 oder 18 Jahr ist, die kriegt die schöne Arbeit, und ich, bin schon so lang da, bin krank und hab doch hier auch meins getan, krieg jetzt die schlechteste und dreckigste Arbeit, wo ich mich am härtesten tue, muß ich am meisten schuften.« Die Meister verstehen es eben hervorragend, dadurch Uneinigkeit in die Abteilungen zu tragen, das nützt letztendlich wieder der Herrschaftsstruktur im Betrieb. Bei den Männern ist das nicht so leicht möglich.

Ich akzeptiere die Männer so, wie sie sind. Ich bin keine Männerfeindin und möchte ihnen auch nichts streitig machen. Auf der anderen Seite bin ich der Meinung, daß sie keinesfalls besser sind als die Frauen, oder umgekehrt. Man kann von beiden etwas verlangen, und beide sind sie fähig, etwas zu geben. Aber wenn man bei den Frauen von vornherein sagt, die sind zu dumm oder nicht geeignet, oder Frauen sind unlogisch und die verlassen sich bloß auf ihre Gefühle – kann ich das nicht akzeptieren. Ich z. B. bin ein reiner Gefühlsmensch, und meine Gefühle haben mich nie betrogen, im Gegenteil, sie kommen mir gerade in diesem Amt sehr zu Hilfe, ich bin deshalb oft weitblickender als ein Mann.

Ich bin der Meinung, daß Männer und Frauen Probleme haben, gerade in den Betrieben. Die Männer sind nämlich genauso schutzbedürftig wie die Frauen. Ich sehe oft, daß Männer vollkommen hilflos sind, wenn's um ihre Rechte geht. Sie kommen dann ganz demütig – fragen z. B. lieber mich als meine männlichen Kollegen.

Man kann diese Funktionen als Betriebsrätin nicht nur rein vom Sachwissen her erfüllen, sondern man muß die Arbeit auch politisch betreiben. Manchmal ist es nur möglich, zu einem Ergebnis zu kommen, wenn man einfach politisch einsteigt. Man muß schon einen politischen Standpunkt mitbringen, denn sie versuchen einen immer einzulullen mit dem Standpunkt des Arbeitgebers: *Wir* müssen die Arbeitsplätze erhalten, *Sie* müssen sorgen dafür, daß hier Ruhe und Frieden im Betrieb ist. Sie dürfen die Leute nicht gegen die Geschäftsleitung aufbringen, indem Sie immer das Negative herausstellen.

Es gab z. B. eine große Kündigungswelle. Wir haben erbittert um Sozialpläne gekämpft und wirklich unsere ganze Nervenkraft dafür eingesetzt. Der Arbeitgeber hat es so hingestellt, als wenn wir ihm das Geld aus der Tasche stehlen wollten.

Er hat immer wieder so argumentiert: Sie dürfen nicht an die Arbeitnehmer denken, die jetzt rausgehen, und denen Geld verschaffen, sondern Sie müssen an die denken, die hierbleiben, und denen die Arbeitsplätze erhalten, uns muß das Geld erhalten bleiben. Das ist auch bei anderen Kündigungen so. Wenn z. B. jetzt durch das negative Bundesarbeitsgerichtsurteil viele Kranke gekündigt werden können, dann argumentiert der: »Was wollen Sie, diese Leute kann man einfach nicht halten, die sind zu oft krank. Die Arbeitsplätze müssen rentabel gehalten werden, und die Lohnfortzahlung kostet uns zuviel Geld.« Da geht's eben nicht mehr nur um Paragraphen, um das Betriebsverfassungsgesetz oder irgendwelche anderen Rechte, sondern darum, daß die Leute einfach auf die Straße gesetzt werden.

Heute heißt's ja wieder, Frauen haben's nicht notwendig, zu arbeiten, die sollen zu Hause bleiben und sich um die

Kinder kümmern. Aber ich würde sagen, die Unternehmer würden sich umschauen, wenn die Frauen plötzlich alle nach Hause gehen würden. Dann würde nämlich bestimmt die Wirtschaft zusammenbrechen. Sie haben die ganzen Jahre ihre Profite hauptsächlich mit der Arbeit der Frauen machen können. Wenn ich mir vorstelle, daß Frauen in der Lohngruppe 2 beim Löten viermal so viel machen wie ein Mann in der Lohngruppe 8, und wenn ich mir vorstelle, was die Frauen seit Kriegsende am Aufbau der Wirtschaft geleistet haben! Und jetzt will man ihnen absprechen, daß sie zur Arbeit gehen, das ist doch ungeheuerlich.

Ich meine, wer kleine Kinder hat und nicht unbedingt arbeiten muß, der sollte vielleicht ein paar Jahre bei den Kindern zu Hause bleiben, es ist schön, wenn man bei den Kindern zu Hause ist. Für mich war es auch eine sehr schöne Zeit, die ich nicht vermissen möchte. Aber trotzdem, das furchtbare Abhängigkeitsverhältnis ist einfach da. Man muß den Mann um alles bitten. Wenn der Mann auf seine Frau schaut, dann ist das vielleicht nicht so schlimm, aber die Tendenz geht doch dahin, daß die Frau im Laufe der Zeit einfach immer mehr und mehr vergessen wird, besonders je älter sie wird.

Ich bin eigentlich ein Spätzünder, ich war schon 41 Jahre, als ich in dieses Amt gekommen bin, sozusagen schon weg vom Fenster. Aber ich muß sagen, ich bin mir vorgekommen wie ein junges Mädchen und fühl mich auch heute noch so. Ich könnte nicht sagen, daß ich mich fühle wie eine Frau von 47 Jahren. Ich werde auch von den Jungen wie ihresgleichen akzeptiert. Die sagen alle »Inge« zu mir, die Jugendvertreter und Vertrauensleute, ganz gleich, welche Altersklasse. Vielleicht, weil ich mich auch immer sehr für sie eingesetzt und engagiert hab und ihnen Verständnis entgegenbringe, oder vielleicht auch, weil ich eine Art des Auftretens hab, die nicht so altmodisch ist.

Ich möcht das alles nicht missen. Mir kommt's vor, als hätt sich mein Leben um 180 Grad gedreht, als hätt ich ein neues Leben angefangen, als wär ich wiedergeboren worden. Ich muß ehrlich gestehen, ich kämpfe auch um meine Position. Ich arbeite hart dafür und laß sie mir nicht so ohne weiteres wegnehmen. Das hat nichts mit Machtanspruch zu tun, aber ich bin der Meinung, damals war ich gut genug, die Dreckarbeit zu machen, als die Männer zu feige waren, den Betriebsrat weiterzuführen, und jetzt möcht ich mich auch an den Erfolgen erfreuen.

Jetzt hast du das geschafft, dann schaffst du das auch noch!

Petra G.
28 Jahre
Beruf: Reisebürokaufmann, tätig als Stenokontoristin im Konstruktionsbüro

Mitglied der IG Metall
Vertrauensfrau

metallverarbeitender Betrieb
ca. 1200 Beschäftigte

Mein Vater war Dachdecker und Isolierer, meine Mutti Kürschnerin. Ich habe jetzt erst erfahren, daß sie zwar die Lehre gemacht hat, aber nicht abschließen konnte, weil man damals noch etwas bezahlen mußte, und das konnten ihre Eltern nicht. Sie hatte also nicht einmal einen Abschluß. Später hat sie dann noch geputzt und war Verkäuferin. Ja – jetzt ist sie natürlich schon in Rente. Meine Eltern konnten mich nicht besonders unterstützen. Ich habe mich ziemlich allein durchgewurschtelt, auch mit der Schule und den Hausaufgaben.

Bei der Berufsberatung war es mit technischen Berufen sowieso nichts, und sogar bei Dekorateurin – was mir Spaß gemacht hätte, weil es ein bissel kreativ ist – hat's geheißen, das geht nicht: wegen der Leitern und weil man so schwer schleppen muß. Mir wurde eine Lehre im Reisebüro angeboten. Die haben Lehrlinge in Wirklichkeit nur genommen, um billige Arbeitskräfte zu haben. Ich hab da z. B. ein Jahr lang bloß immer Adressen aus der Kartei ausgesucht, um an die Kunden Prospekte zu schicken, und wenn Prospekte zurückgekommen sind, hab ich die Hüllen ausgeschnitten und wieder neu geschrieben. Also katastrophal! Auf der einen Seite hab ich Hilfsarbeiten gemacht, auf der anderen Seite haben sie mich dann in den Verkauf geschmissen: So mir nichts dir nichts hast du auf einmal Kunden vor dir und hast – 14 Tage oder 3 Wochen ganz allein – so eine Reiseboutique gehabt. Ob du zurechtgekommen bist, war ihnen eigentlich ziemlich egal. Ja, und das dickste Ei nach der Lehre war, daß ich 100 DM weniger kriegen sollte als der männliche Lehrling, der mit mir angefangen hatte. Da hab ich die Stelle gewechselt. Aber die nächste war auch nicht viel besser, denn aufgrund der schlechten Ausbildung hab ich mich nicht in ein größeres Reisebüro getraut. Es war einfach eine Buchungsstelle für verschiedene Reiseveranstalter in einem Kaufhaus. Da hab ich ganz schlechte Arbeitsbedingungen gehabt: Samstagsdienst und abends bis halb sieben jeden Tag.

Nach 1¼ Jahren wurde mir fristlos gekündigt wegen Arbeitsverweigerung. Das kam so: An einem schönen Samstag kommt plötzlich um 11 Uhr der Inhaber und sagt, wir müßten jetzt Briefe schreiben, die Sekretärin habe ihm gekündigt und er brauche Ersatz. Er hatte die Süddeutsche Zeitung bei sich, wo die Stellengesuche drin sind, und hat mir und einer anderen Mitarbeiterin jeweils einen Stapel vorgeschriebener Briefe gegeben, die wir verschicken sollten. Ja, und dann haben wir uns halt hingesetzt. Aber das hat lang gedauert. Unsere Arbeitszeit war mittlerweile um. Die Kollegin hat dem Chef einen Teil der Briefe reingetragen zum Unterschreiben und durfte heimgehen – ich mußte dableiben. Ich bin rein: »Es tut mir leid, aber ich habe was vor, ich werd abgeholt, ich kann nicht dableiben.« Daraufhin hat er gesagt: »Wir brauchen gar nicht groß reden, Sie bleiben da.« »Nein«, hab ich gesagt, »ich bleibe nicht da.« Das ist so hin und her gegangen. Er hat gemeint, ich hab da überhaupt nix zu sagen, die Arbeit muß gemacht werden, sonst brauch ich nächste Woche gar nicht mehr zu kommen.

Somit hatte er mir fristlos gekündigt, am Montag in der Früh war tatsächlich gleich die schriftliche Kündigung da. Damals hab ich überhaupt keine Ahnung von Gewerkschaft oder sonst etwas gehabt, war aber schon Mitglied in dem politischen Kabarett »Münchner Sati(e)rschutzverein«. Dort waren auch Genossen der DKP und andere fortschrittliche Leute, die haben mich beraten und gesagt, ich soll sofort zur Gewerkschaft gehen und mich erkundigen. Also bin ich da hinmarschiert. Dort wurde mir gesagt, daß ich mich im Betrieb sofort wieder melden und meine Arbeitskraft anbieten muß, sonst würde ich die Kündigung anerkennen. Das hat mich einige Überwindung gekostet, es war furchtbar, das Schlimmste, was es damals für mich gegeben hat. Heute würde ich das anders sehen, einfach nur formal. Also bin ich wieder hinmarschiert, hab dem Chef das gesagt, und alle haben gefeixt: »Ja, das hätten Sie sich früher überlegen müssen, daß man mit dem Chef so nicht umgehen kann . . .«, lauter solche Töne haben sie gespuckt. Und mir ist der Kloß gleich da oben gestanden, vor lauter Wut. Jedenfalls bin ich gleich auch auf das Arbeitsgericht gegangen und hab dort einen Termin für eine Verhandlung angemeldet. Von der Gewerkschaft bin ich ja gerichtlich nicht vertreten worden, weil ich noch nicht Mitglied war. Erst nach drei Monaten wird man vertreten. Mir hat das schon eingeleuchtet, daß man nicht jemand gleich vertreten kann, weil es sonst nur Leute geben tät, die bloß deswegen eintreten, und wenn sie ihre Hilfe bekommen haben, wieder rausgehen. Seitdem bin ich Gewerkschaftsmitglied.

Ich bin ahnungslos zur Verhandlung marschiert. Mein Chef hat natürlich seinen Rechtsanwalt geschickt. Ich habe mir gedacht: Wenn ich sag, wie es war, wird das auch anerkannt. Aber es war dann so: Der Chef war Schöffe beim Arbeitsgericht, der hat die Brüder da wahrscheinlich alle schon gekannt. So wie sich der Rechtsanwalt dort aufgeführt hat, hatten die vorher schon klar Schiff gemacht. Jedenfalls hat das für mich so ausgeschaut. Der Richter meinte: »Na, erzählen Sie doch mal, wie das alles war.« Und ich hab halt erzählt. Aber mein Chef hatte schon eine riesige Abhandlung eingereicht, in der er alles klargelegt hatte. Der Richter war also von anderer Seite schon informiert. Der Rechtsanwalt hat auch immer fein seinen Finger gehoben: »Nach Paragraph so und so ist das eben so.« Ich bin immer staunend dabeigesessen und hab nichts verstanden. Mir hatte der Chef wegen Arbeitsverweigerung gekündigt, auf dem Arbeitsgericht ist es dann aber plötzlich um Überstundenverweigerung gegangen. Das hatten sie schon verändert gehabt, aber mir ist es vor lauter Aufregung gar nicht aufgefallen. Ich hab dann gefragt: »Ist es denn nicht so bei Überstunden, daß die vorher angemeldet werden müssen?« Daraufhin hat mir der Richter erklärt: »In einem Betrieb, wo kein Betriebsrat ist, bestimmt eben der Chef die Arbeitszeit, und ob Sie dann etwas vorhaben oder nicht, das ist ganz egal.« Ich bin mir vorgekommen wie ein kleines Würschterl: »Wenn das so ist, dann hast du ja überhaupt nichts zu sagen, dann bist du total ausgeliefert.« Wahrscheinlich war das eben auch mit der Grund dafür, daß ich mich gleich organisiert habe.

Nach der fristlosen Kündigung hatte ich erst einmal genug von einer festen Anstellung und habe bei so einer Zeitfirma angefangen. Da wurde ich als Arbeitskraft verliehen. Das habe ich ungefähr 1½ Jahre gemacht. Ausgenützt wirst du da, so schlimm ist es in einem Betrieb nicht. Die Firmen zahlen wahnsinnige Summen für die Leiharbeitskräfte, und die anderen Mädchen, die da sonst noch im Büro sitzen, also festangestellt sind, sagen »Laßt die nur arbeiten« und schieben dir die Arbeit hin. Du hast auch keine tarifvertraglichen Ansprüche, der Verdienst hängt davon ab, wie gut du dich verkaufst. Einmal waren wir zu dritt von derselben Verleihfirma für die gleiche Arbeit eingeteilt und haben festgestellt, daß jede etwas anderes verdiente. Wir haben uns natürlich gerührt, was denen gar nicht recht war, denn über das Gehalt sollte eigentlich nicht gesprochen werden.

Während dieser Zeit hab ich in der Frauengruppe der Gewerkschaft Handel, Banken und Versicherungen mitgearbeitet. Das waren etwa 20 Frauen, die sich neben den Frauenproblemen wie § 218 auch für das politische Geschehen drumherum interessiert haben. Diese Frauengruppe, muß ich sagen, hat mir wirklich imponiert. Wir haben z. B. mal einen Informationsabend mit Lichtbildern über Südafrika gemacht. An und für sich war die Gruppe recht mutig, eine SPD-Genossin leitete sie, und die hat sich unheimlich durchgesetzt. Manchmal wird das ja in der Gewerkschaft nicht so gern gesehen, wenn sich Gruppen aktiv betätigen. Wir haben Jahresabschlußfeiern gemacht, auch mal den »Münchner Sati(e)rschutzverein« eingeladen, der wirklich sehr fortschrittlich ist und schon einige auf die Schippe nimmt. Wir haben auch Männer eingeladen. So im Nachhinein muß ich sagen, das hat einen unheimlich guten Eindruck auf mich gemacht.

Durch die Vermittlung eines Bekannten hat es sich dann ergeben, daß ich als Stenokontoristin bei der Firma anfangen konnte, in der ich jetzt noch arbeite. Diese Firma gehört zur metallverarbeitenden Industrie, und somit gehör ich jetzt zur IG Metall.

Der Betrieb hat 1200 Beschäftigte und zwei Außenstellen. Er ist zu 60 Prozent ein Frauenbetrieb. Hier werden Montagearbeiten für den Telefonbau gemacht. An den Bändern arbeiten vorwiegend Frauen, auch an den Maschinen arbeiten sehr viele Frauen. Bloß wo es dann qualifizierter wird, da sitzen Männer. Ich bin Stenokontoristin im Konstruktionsbüro. Und ich muß sagen, gerade als Frau ist es da schon schwierig. Die Leute, mit denen ich zusammenarbeite, das sind einmal die Zeichnerinnen, ungefähr auf gleicher Stufe, und zum anderen die Konstrukteure, alles Männer; sie kommen aus der Mittelschicht, z. T. auch aus Beamtenfamilien, haben ein kleines Häusel oder so etwas.

Wenn ich mit denen diskutiere, stehen mir die Haare zu Berg. Die haben echt keine Ahnung, was einem Großteil unserer Bevölkerung noch passiert, also was Verkäuferinnen z. B. verdienen oder wie es in Arbeiterfamilien zugeht. Oder daß es bei uns genug Familien gibt, wo die Männer mit 1300 Mark heimgehen, und das ist schon ein guter Verdienst. Das können die sich überhaupt nicht vorstellen. Ich muß sagen, am schlimmsten ist es mit den Männern in meiner eigenen Abteilung. Ich betreue als Vertrauensfrau der IG Metall auf meinem Stockwerk ja auch noch andere Abteilungen. Eigentlich komme ich mit vielen Männern ganz gut aus. Allerdings ist es auch nicht so, daß sie mich von gleich zu gleich, also auf ihrer Stufe, betrachten, sondern sie finden es interessant, daß eine Frau sich engagiert. Sie nützen es, daß ich ihnen immer etwas mitteile, weil das vorher nicht so war.

Ich habe mich als Vertrauensfrau ziemlich engagiert und mit dazu beigetragen, daß die Zusammenkünfte der Vertrauensleute regelmäßig einmal im Monat stattfinden; ich schreibe auch das Protokoll über die Sitzungen. Es ist schon sehr viel Kleinarbeit, mit den Kolleginnen und Kollegen in den Pausen oder bei sonstigen günstigen Gelegenheiten zu diskutieren. Ich kandidiere auch diesmal wieder zu den Betriebsratswahlen.

Aber ich merke, wenn ich mit diesen Männern diskutiere, daß ich irgendwie so als Schaustück – ich weiß nicht, vielleicht klingt das zu blöd – betrachtet werde, als eine, mit der man zwar reden kann, aber sonst sind sie natürlich viel schlauer als ich. Das merke ich, manchmal kann ich das richtig körperlich spüren, sie sind freundlich und so, da kann ich nichts sagen, sie sind nicht herablassend, aber irgendwie ist es zu merken.

Da ist neulich etwas gewesen, wo mir das erst richtig klar geworden ist, daß die Frau, ganz kraß ausgedrückt, z. T. die Stellung hat wie Gastarbeiter oder wie Farbige. Z. B. haben sie erzählt von einem, der von Siemens nach Afrika geschickt worden ist. Er hat einen Diener gehabt und eine Frau, die das Haus machte, und die haben gleich in der Nähe gewohnt. Wenn es heiß war, hat der Mann draußen geschlafen auf einer Pritsche und die Frau im warmen Haus, und wenn es dann kalt geworden ist abends, hat er ihr einen Tritt gegeben und sie rausgeschmissen und sich ins Haus gelegt. Die Kollegen haben gelacht. Haha, haha und hin und her. Und ich habe mir gesagt: Das finden sie also besonders lustig, was ist denn daran witzig? Und diejenigen, die meinen, sie seien besonders für Gleichberechtigung, sagen dann noch: »Naja, als Frau kann man darüber wahrscheinlich nicht lachen.« Sie fühlen sich nicht im mindesten davon betroffen. Ich habe dann mit einem darüber geredet und ihm gesagt, daß er noch lange nicht tatsächlich für Gleichberechtigung ist, solange er nicht entrüstet darüber ist, daß es so etwas gibt, solange *er* sich nicht betroffen fühlt, sondern nur sagt, naja, als Frau könnte er das verstehen.

Zu Hause mit meinem Mann hat es auch Schwierigkeiten gegeben. Und wie! Jetzt haben wir festgestellt, daß sich die Kleinigkeiten relativ abgeschliffen haben.

Ich bin eigentlich nicht bewußt rangegangen – so im Sinne von Gleichberechtigung. Bei mir im Elternhaus war der Vater der alleinige Herrscher, er hat überhaupt keinen Handstrich getan, weil das ja Waschlappen sind, die irgendwo Treppen putzen oder so was. Meine Mutter hat sich ehrlich totgeschunden. Wenn der Vater von der Wirtschaft oder sonst woher heimgekommen ist, das Essen dagestanden ist und zusammengebrutzelt war, hat er's über den Tisch geschleudert: »Das kannst du dir vor den Arsch klatschen.« Eines war für mich ganz klar, so etwas gibt es bei mir einmal nicht. Lieber bleibe ich allein. Als wir dann zusammengezogen sind – wir haben vor der Heirat erst mal ein Jahr zusammengelebt, weil ich schauen wollt, ob ich das überhaupt aushalt –, hab ich mich am Anfang zermürbt mit so Kleinigkeiten wie Wäschewaschen, Zeugaufräumen, Einkaufen und weiß der Teufel, was noch allem. Eine Zeitlang ist mir das gar nicht so bewußt aufgefallen, ich hab das immer unbewußt registriert, mich darüber geärgert, und irgendwann ist mir dann der Kragen geplatzt: »Entweder ändert sich das, oder ich gehe. So mache ich jedenfalls nicht weiter.« Das ging aber ziemlich lange, ein paar Jahre eigentlich, in denen wir so gekämpft haben. Gewisse Sachen, die hab ich einfach gemacht. Er ist überhaupt nicht auf die Idee gekommen, daß er auch dafür verantwortlich ist, z. B. daß etwas zu essen da ist. Wenn nichts da war, hat's geheißen: »Warum ist denn nichts da?« Oder: »Ist das und das da?« »Es sind keine Socken mehr da, du mußt waschen.« Das waren so Sachen – furchtbar! Wir haben echt schwer miteinander gekämpft. Ich hab auch festgestellt, das war nicht einmal Bosheit. Ich merk das ja auch an meinen Kollegen. Das ist ein gesellschaftliches Problem, z. T. wirklich jahrhundertelang überliefert. Sie machen es gedankenlos.

Eigentlich geht es erst jetzt, weil er tagsüber daheim ist – er macht das Abitur nach. Vielleicht bin ich auch nicht mehr ganz so giftig, weil ich das Gefühl hab, daß ich jetzt einen gewissen Stand innerhalb unserer Ehe hab. Am Anfang war ich wohl auch wirklich überempfindlich, weil ich bei jeder Kleinigkeit sofort gemeint hab, jetzt werd ich untergebuttert.

Das hängt z. T. auch mit meiner Entwicklung zusammen. Ich war als junges Mädchen ziemlich unsicher. Da hat noch mitgespielt, daß ich mit meiner Nichte aufgewachsen bin und meine Eltern die bevorzugt haben. Also, ich war immer ein bißchen hintendran gestanden. Das hab ich eigentlich erst überwunden, als ich einen Freund gehabt hab. Dann auch, als ich mich im Betrieb engagiert hab, gemerkt hab, daß ich von den Kollegen akzeptiert werde. Und auch durch die Partei; da kommt keiner auf die Idee, dir etwas nicht zuzutrauen.

Mit zu den schönsten Erlebnissen zählt für mich, daß es mir gelungen ist, auf unserer letzten Vertrauensleuteversammlung ein Solidaritätstelegramm an die Drucker durchzubringen, weil für mich Solidarität etwas ungeheuer Wichtiges ist. Leider ist es nicht immer so leicht, das den Kollegen klarzumachen. Drum ist es fast noch bedeutender für mich, daß kürzlich auf der Gesamtfunktionärsversammlung eine Solidaritätsadresse an die IG Druck und Papier von den über 1000 Teilnehmern einstimmig angenommen wurde. Ich hab sie vorgetragen, und am Anfang war mir ganz schlecht vor Aufregung. Hinterher hätte ich vor Freude im Dreieck springen können. Daß ich so was erreicht hab und mich getraut hab, in der Betriebsversammlung zu reden, verdanke ich der MASCH, das ist die marxistische Abendschule in München. In der Zeit bin ich nämlich zum erstenmal aufgestanden und hab was gesagt. Obwohl ich schon ungefähr ein Jahr vorher immer mit mir gekämpft hab, konnte ich mich einfach nicht überwinden aufzustehen, weil ich furchtbare Angst hatte, vor so vielen Leuten zu reden. Obwohl die Probleme im Betrieb direkt eigentlich nichts zu tun haben mit dem, was wir in der MASCH gemacht haben, z. B. politische Ökonomie, hab ich mich dann trotzdem getraut, über den Betriebsurlaub zu reden. Es hat mir auch gut getan, wenn Anrufe von Kollegen gekommen sind, von denen ich es gar nicht erwartet hab. Ich hab zwar gefühlsmäßig gewußt, was ich sage, ist richtig, aber daß das die Kollegen auch finden, ist schon recht gut zu erfahren. Und irgendwie denkst du dann, jetzt hast du das geschafft, dann schaffst du das auch noch.

Die Männer verteidigen nur ihre Welt

Inge M.
47 Jahre
Beruf: Postbeamtin

Mitglied der Postgewerkschaft
Personalratsvorsitzende

Postscheckamt
ca. 2000 Beschäftigte

Ich habe drei Jahre Mittelschule gemacht und wollte weiter zur Schule gehen. Das ging nicht, weil in München alles zerstört war und es keine Schulen gab. Meine Mutter sagte damals: »Jetzt gehst erst mal arbeiten, damit wir Lebensmittelkarten kriegen, und dann geht's mit der Schule weiter.« Ich sollte mich bei der Post bewerben, die suchte Arbeitskräfte. So kam ich zum Postscheckdienst, aus reinem Zufall. Ich kam da rein und hab gedacht: Hier bleibst keine vier Wochen! Ich mußte wochenlang nur Buchungen auf den Buchungsstreifen prüfen. Zehn-zwölfstündige Arbeitstage waren die Regel. Ich kann mich noch erinnern, daß ich die erste Zeit öfters in der Straßenbahn geheult hab, weil ich in diesen Betrieb mußte, es hat mir überhaupt keinen Spaß gemacht. Aber's verging die Zeit, man ist überrollt worden, und so blieb ich dann im Postscheckamt. Nun bin ich schon 30 Jahre bei der Post.

Es war ziemlich früh, als ich Mitglied der Postgewerkschaft geworden bin, was sicherlich auch daher kam, weil mein Vater immer ein alter SPDler war. Wir haben viele junge Leute, und wenn man die mal fragt, warum sie zur Gewerkschaft gehen, kommt meistens heraus, weil die Väter dabei sind, oder weil die Väter politisch engagiert sind. Ich hab noch nie gehört, daß jemand gesagt hat, ich geh zur Gewerkschaft, weil meine Mutter drin ist. Bei uns zu Hause ist sehr viel politisiert worden, wobei mein Vater auch eigenartig war. Irgendwie hat er mich immer aufgehetzt: »Laßt euch das nicht gefallen, ihr seid ja dumm, wenn ihr euch das gefallen laßt.« Ja, und haben wir uns mal etwas nicht gefallen lassen, dann hat er gesagt: »Du wirst schon sehen, der Ober sticht den Unter.« Das war schizophren. Aber es war irgendwie dieses Aufstachelnde, Opponierende, nicht alles so hinzunehmen, wie's ist, sondern mal zu versuchen, was zu verändern und nicht als schicksalgegeben hinzunehmen. Es war ja auch die Hitlerzeit, man hat sich viel mehr mit diesen Dingen auseinandergesetzt.

Hier im Postscheckamt fanden 1955 erstmals noch nach dem alten Gesetz Personalratswahlen statt. Damals kam eine mir unbekannte Dame auf mich zu und hat gesagt: »Lassen Sie sich doch aufstellen!« So hab ich mich überreden lassen und zum Personalrat kandidiert, obwohl ich mir unter »Personalratstätigkeit« nichts vorstellen konnte. Ich wurde mit 24 Jahren Mitglied des Personalrats. Allmählich kam ich ein bissel in die Tätigkeit hinein und zwangsläufig damit auch in die Gewerkschaftsarbeit. Als Personalrat tätig zu sein ohne eine bestimmte Schulung, das geht nicht.

In den Anfangsjahren war die Personalratstätigkeit nicht leicht. Der Personalrat mußte sich erst mühsam die Anerkennung vor allem der Amtsleitung erringen. Denn von der wurde er aus naheliegenden, allzu menschlichen Gründen abgelehnt. Man betrachtete den Personalrat als einen Eindringling in die althergebrachte Hierarchie, als Leute, die sich anmaßten, manches besser zu wissen, und die Frechheit besaßen, bei Entscheidungen mitreden zu wollen. Daß dies im Gesetz verankert war, ignorierte man, soweit es ging. Es war ein ewiger Kampf um Rechte.

Unser Personalratsvorsitzender ist damals in eine heikle Situation geraten. Der Amtsvorsteher versuchte ihn kaltzustellen. Er brachte es fertig, ein Disziplinarverfahren gegen den Personalratsvorsitzenden in Gang zu setzen. Er wurde deshalb vorläufig vom Dienst suspendiert und ist acht Monate spazieren gegangen. Wir haben unsere Rechte durch alle Instanzen hindurch verfochten: Als Personalrat haben wir eine Dienstaufsichtsbeschwerde gegen den Amtsvorsteher gemacht, mit 50 Punkten. Sie ist letztlich eingeebnet worden; in der dritten Instanz ging es aus wie das Hornberger Schießen. Wir hatten nur eines erreicht: Der Amtsvorsteher war abgelöst worden. Eine Aktion der Gewerkschaft hat uns dabei wesentlich geholfen, denn auf einem Gewerkschaftskongreß wurde die Sache ziemlich groß aufgezogen. In der Zwischenzeit, in der der Personalratsvorsitzende suspendiert war, mußte ich die Geschäfte leiten. Ich kam eigentlich ganz ungewollt in die Situation, plötzlich den Vorsitz übernehmen zu müssen. Ich hab mich gar nicht als geeignet betrachtet und einen Horror gehabt. Aber ich mußt mal die acht Monate machen, dann kam der Personalratsvorsitzende wieder zurück. Der wollt sich dann nicht mehr aufstellen lassen und ist zurückgetreten. Bei den folgenden Personalratswahlen bin ich wiedergewählt und von dem neuen Personalrat zur Vorsitzenden ernannt worden.

Es waren schon happige 10, 15 Jahre. Ich erinnere mich noch an eine Verhandlung ganz am Anfang, damals wollt man die Arbeit mit Stoppuhren bemessen. Stoppuhren, das war für uns unannehmbar. Beim Amtsvorsteher ist mir das Wort »Gestapomethoden« rausgerutscht. Am nächsten Tag hab ich mich dann dafür entschuldigen können, das war bitter, aber eine gute Lehre. Man ist runtergebügelt worden, wenn man sich im Ton mal vergriff, auch wenn man in der Sache recht hatte. Das sind Dinge, die man nur durch die Praxis lernt. Ich habe gelernt.

Ich kann mich erinnern, daß ich jahrelang kaum einen Samstag/Sonntag frei gehabt hab. An meinem Tätigkeitsbericht z. B. hab ich oft drei, vier Samstage gearbeitet und an ihm gefeilt. Heut macht mir das keine Schwierigkeiten mehr; wenn ich mich nachmittags mal vier Stunden hinsetz, dann steht er. Das sind Übungssachen. Aber wenn man das nie geübt hat . . . Die gewerkschaftlichen Schulungen behandeln hauptsächlich Gesetze. Man sagt: Im Gesetz steht das und das drin, die und die Rechte und Pflichten hast du. Sie zeigen einem nie, wie man einen Personalratstätigkeitsbericht macht oder wie man ihn vorträgt – das muß man selber lernen. Wie ich meinen ersten Tätigkeitsbericht vor dem Mikrofon vorgetragen hab, gab es keinen Muskel, der bei mir nicht selbständig gearbeitet hat. Heut macht mir das nichts mehr aus. Früher hab ich mir immer wieder suggeriert: Du mußt genauso sprechen wie in der Personalratssitzung, ob das jetzt 100 Leut sind oder 500, das spielt keine Rolle.

Im Laufe der Jahre hab ich mir durch die Personalratstätigkeit das Wissen für diese Arbeit angeeignet. Man kriegt ja alles auf den Tisch, jeden sachlichen Vorgang, jede Arbeitsveränderung, jede neue Verfügung, die den Arbeitsplatz oder den Arbeitsablauf betrifft. Ich muß mir Gedanken machen, welche Auswirkungen das auf den Arbeitsplatz hat. Ist es personell, oder eine Sache, die die Deutsche Bundespost zu vertreten hat? Wirkt es sich auf das Personal aus, dann müssen wir uns als Personalrat einschalten und sehen, ob es längere Arbeitszeiten oder einen größeren Arbeitsstreß gibt. Macht die Verwaltung etwas und versucht sie entsprechende Anträge zu stellen für mehr Personal oder den Einsatz von Teilzeitkräften oder macht sie nichts? Man muß die Fähigkeit haben, Verfügungen anzusehen, ob sie Zündstoff bergen. Es ist immer zu prüfen, welche Auswirkungen sich für die Beschäftigten daraus ergeben. Wobei das Wissen manchmal gar nicht bis ins Detail gehen muß, ob ein Stempel links oder rechts hingehört, ob der rund oder eckig ist, das ist unwichtig. Ich muß die Zusammenhänge erkennen, so, daß ich weiß, welche personellen Auswirkungen entstehen können. Es kommt nicht darauf an, zu wissen, wie z. B. in der Firmen- und Vollmachtenstelle die rechtlichen Verhältnisse geprüft werden, was der Kunde vorlegen muß, wenn er ein Konto eröffnet, sondern wie weit die haftungsrechtlichen Bestimmungen der Post gehen und ob die Kollegin die volle Haftung für ihre Tätigkeit übernehmen muß.

Der Postscheckdienst, dessen Wichtigkeit kaum bekannt ist, hat 20000 Beschäftigte, bei der Bundespost haben wir 500000. Er ist also ein relativ kleiner Dienstzweig, vom Stellenwert aber groß, weil er das Geld bringt, mit dem die Post arbeitet. Bei der Oberpostdirektion München z. B. verwechselt mancher den Postscheckdienst heute noch mit dem Sparkassendienst. Sogar unsere Kollegen. Deshalb ist es wichtig, den Postscheckdienst immer wieder in Erinnerung zu rufen, weil er vor allem auch der Dienstzweig ist, der momentan am stärksten rationalisiert wird. Hier wurden schon einige 100 Dienstposten eingespart.

Von der Struktur her eignet sich der Postscheckdienst besonders gut für Rationalisierungsmaßnahmen, weil jeder Beleg und damit jeder Handgriff genau erfaßbar ist. Es bietet sich geradezu an, hier Bemessungswerte zu ermitteln und vorzugeben. Den Briefzustelldienst kann man kaum rationalisieren. Briefe müssen zugestellt werden, dazu braucht man die menschliche Arbeitskraft. Im Postscheckdienst gibt es genaue zeitliche und mengenmäßige Erfassungen aller Tätigkeiten, was bei der übrigen Post nicht der Fall ist. Am Schluß eines Tages, Monats oder Jahres kann genau festgestellt werden, was geleistet worden ist. Man kann deshalb selbstverständlich mit einer Bemessung wunderbar ansetzen. Der Bemessungswert muß nur mit den zu erledigenden Belegen multipliziert werden, und heraus kommt die Zahl an Arbeitskräften, die nötig ist, um die Arbeit zu erledigen.

Es kostet enorm viel, sich in dieser männlichen Welt zu behaupten, ohne daß man gleich als Mann-Weib abgestempelt wird, und dann braucht man doch sehr viel Freizeit, um sein Wissen auf Vordermann zu bringen, denn eine Frau muß einiges mehr wissen als ein Mann, weil sie viel kritischer beobachtet wird.

Die männlichen Kollegen bei uns im Scheckdienst sind meistens auch noch die Vorgesetzten, kommen als Abiturienten direkt von der Schule und werden gleich so einem großen Personalkörper, bestehend aus fast nur Frauen, vorgesetzt. Da werden sie sehr schnell verwöhnt, der Umgangston bei Frauen ist ja nicht so rüd wie bei Männern, der ist vielleicht höflicher. Sie sind sehr schnell Hahn im Korb, werden schnell anerkannt und können sich manches leisten. Und jetzt kommt plötzlich ein Personalrat, der ihnen manches entgegensetzt – das ist schon mal schwierig für sie. Aber dann noch ein Personalrat, der von einer Frau vertreten wird – ich glaub, das haben sie heute noch nicht ganz geschluckt.

Bei uns sind die Vorgesetzten in einem Alter zwischen 40 und 60. Das ist vielleicht noch die Generation, die ein bissel mehr in der Art aufgewachsen ist, wo der Mann oder der Bub immer der erste in der Familie war. Und 's Mädchen von vornherein dem Bruder die Schuh' hat putzen müssen.

Die Männer können sich nach wie vor nicht vorstellen, daß z. B. eine Frau Vorgesetzte ist. Wir haben drei Abteilungsleiterinnen, das ist im Postscheckdienst überhaupt einmalig. An diesen Frauen bemängelt man alles mögliche: die eine wird als hysterisch abgestempelt, die andere als ehrgeizig, und die, die kann sich's auch leisten, weil sie nicht verheiratet ist. Es wird alles auf solche Dinge abgedrängt, daß sie tatsächlich etwas leisten, sieht man nicht, das will man auch nicht sehen.

Auf der anderen Seite ist der Organisationsgrad bei den Frauen sehr schlecht. Unsere Männer sind fast zu 90 Prozent organisiert, unsere Frauen zu 25 bis 30 Prozent, nicht mehr. Die Frauen denken nicht für ein ganzes Leben, sie denken abschnittsweise: Erst sind sie mal vorübergehend im Postscheckamt, dann sind sie verheiratet, dann haben sie Kinder. Ja, und was später sein könnte, daran denken sie sowieso nicht. Die Jugendliche, die diese Tätigkeit als vorübergehend betrachtet, die läßt sich nicht organisieren, weil sie sagt: »Was soll ich denn? In vier, fünf Jahren höchstens bin ich weg, denn ich heirate ja mal, dann hab ich Familie und scheide aus.« Die Verheiratete sagt: »Ich, warum denn? Ich bleib vielleicht noch fünf Jahr, und außerdem ist ja mein Mann irgendwo organisiert. Warum soll ich mich organisieren lassen?« Und die Ältere sagt zu uns: »Na, jetzt war ich 20 Jahr herinnen, warum soll ich mich die letzten fünf Jahr noch organisieren lassen? Ich bin Beamtin, ich hab's ja nicht nötig.«

Sie haben immer Ausreden. Frauen sind diejenigen, die den Haushalt bestreiten, die sparen. Also rechnen sie auch viel mehr als die Männer, die Beitragszahlung ist für sie schon eine Hürde. Der Mann dagegen sagt: »Das ist wichtig, da geh ich dazu.« Wenn er das Geld ausgibt, gibt er's zu Recht aus; wenn sie's ausgibt, muß sie sich kontrollieren lassen.

Bei uns kommt noch eines hinzu. Unsere Frauen sitzen tagein, tagaus am Buchungsplatz, haben immer die gleiche Tätigkeit: Sortiertätigkeit, Prüftätigkeit, Tippen und sonst nichts mehr. Und das machen Sie mal fünf oder zehn Jahre! Dann haben Sie alles vergessen, was Sie mal in der Schule gelernt haben. Diese Frauen trauen sich nachher nicht einmal mehr zu, ein Gesuch zu schreiben, weil sie Angst haben, sie bringen das nicht fertig. Sie bringen es fertig, aber sie trauen sich gar nicht mehr. Ich kenn Männer, die probieren's fünfmal, wenn sie eine Prüfung nicht bestehen. Die machen mit schöner Regelmäßigkeit jedes Jahr ihre Prüfung wieder. Wenn eine Frau einmal das Mißgeschick gehabt hat durchzufallen, macht sie das nie wieder. Sie ist frustriert und kann das auch seelisch gar nicht so schnell überwinden. Für die Männer ist das eine Selbstverständlichkeit, die erzählen es sogar, protzen noch: »Hab's dreimal probiert, jetzt hab ich's bestanden!«

Ich kenn jemanden vom Bezirkspersonalrat, der hat am Anfang gestottert, kein Mensch hat sich was gedacht, heute kann er wunderbar sprechen. In so einem Kreis sitzen 22 Männer und 3 Frauen. Wenn da ein Mann sprechen muß, kümmern ihn die drei Frauen nicht, auch wenn die lachen, Hauptsache die Männer sind auf seiner Seite. Männer haben eine Kumpanei, die helfen zusammen. Die Kumpanei unter den Männern ist irgendwo auch erlernt. Sie lernen das als Bub schon, sie gehen anders miteinander um. Aber wenn eine Frau spricht, dann hat sie 22 Männer vor sich. Da ist es viel schwieriger und dauert lang, bis die Männer wissen, mit ihr kann man nicht Schlitten fahren, was sie vorbringt, hat immer Hand und Fuß. Aber wenn Frauen irgendwie mal einen Fehler machen, sind sie abgestempelt. Das würden Männer bei einem Mann nie machen. Der kann den größten Mist erzählen und wird immer als Kollege noch anerkannt. Das ist einfach anders. Männer verteidigen nur ihre Welt und ihre Ansichten, aber kaum die Frauenwelt. Umgekehrt: Frauen verteidigen sehr schnell auch immer die Männer.

Eine Frau betrachtet auch die andere Frau immer irgendwie als Konkurrentin. Das Konkurrenzverhältnis ist nicht nur im Privatbereich, das ist auch im Betrieb. Wenn ein Mann irgendwie im Spiel ist, dann sind sie Konkurrentinnen. Das ist ein Rollenverständnis, was wahrscheinlich nicht so schnell zu verändern ist. Drum versuche ich schon seit Jahren immer klarzumachen, daß Solidarität und das Verständnis füreinander gepflegt werden müßten. Ich komm mir vor wie der Prediger in der Wüste.

Ein Beispiel dazu: Einige Dienststellen im Postscheckdienst haben das Privileg gegenüber allen anderen Beschäftigten bei der Deutschen Bundespost, daß sie bei einer 40-Stunden-Woche tatsächlich nur 37½ Stunden arbeiten müssen, weil die tägliche Mittagspause von einer ½ Stunde als Arbeitszeit angerechnet wird. Die Kolleginnen in den Verwaltungsdienststellen dagegen unterbrechen mit der Mittagspause ihre Arbeitszeit. Sie sind somit 42½ Stunden in der Woche anwesend.

Jetzt hat der Bundesrechnungshof diese Sonderregelung, die schon seit 1954 besteht, beanstandet. Er hat vorgerechnet, daß Hunderte von Arbeitskräften bei der Deutschen Bundespost eingespart werden könnten, wenn man diese Sonderregelung wegfallen ließe. Wir, die Personalvertretung, verteidigen natürlich diese günstige Regelung. Aber was macht man? Die Personalvertretung ist sicher alleine nicht in der Lage, dagegen anzugehen. Noch dazu ist der Bundesrechnungshof allerseits gefürchtet. So entschlossen wir uns, eine Unterschriftenaktion zu starten. Tenor der Resolution war: Eine Verlängerung der täglichen Anwesenheitszeit ist unzumutbar, besonders bei Frauen, weil sie in der Regel soziale Verpflichtungen haben und darauf angewiesen sind, ihre Kinder um 17 Uhr vom Kindergarten abzuholen. Wie wenig das Solidaritätsbewußtsein ausgebildet ist, zeigte uns diese Unterschriftenaktion. Frauen, die diesen Vorteil nicht hatten, meinten auch nicht unterschreiben zu müssen: »Warum sollen wir da unterschreiben, wir haben das ja nicht, das geht uns nichts an.« Bis wir den Frauen klargemacht haben: »Das ist der Anfang vom Ende. Heut geht es um das Recht der einen Kollegin, morgen geht es um Ihr Recht, da muß man doch zusammenhalten . . .« Ein Zusammengehörigkeitsgefühl ist nicht von vornherein vorhanden. Der Begriff Solidarität ist unter den Frauen wenig bekannt. Das scheint mir auch eine Sache der Erziehung zu sein. Das Mädchen wird für eine spätere Ehe erzogen, für Familie und Kinder. Was Wunder, wenn dabei das dienende Element gegenüber dem Mann im Vordergrund steht. Frauen haben mit Frauen nicht sehr viel vor. Die Kumpanei und die Kameradschaft der Männer sticht hiervon sichtbar ab.

Wenn ich so zurückdenk: Es waren unheimlich harte Zeiten. Ich weiß nicht, ob ich's noch einmal machen tät. Weil's doch sehr viel Aufwand gekostet hat. Ich hab meine ganze Energie verwendet und aufgebraucht, um diese Arbeit in den Griff zu bekommen. Hätte ich die gleiche Energie für mich persönlich verwendet, hätte ich wahrscheinlich einen beruflichen Aufstieg gemacht. Doch, vom Arbeitsgebiet her gesehen, glaub ich, ist diese Tätigkeit für mich das einzig Richtige. Weil ich einfach das Gefühl hab, ich kann einiges bewirken. Man kann das eine oder andere doch machen, was dem einzelnen am Arbeitsplatz hilft. Das macht mir Freude. Deswegen lohnt es sich auch. Ich glaub, ich könnt mich nicht damit abfinden, bloß acht Stunden täglich tätig zu sein, ohne zu versuchen, etwas zu bewegen oder zu verändern.

Ich kann mir gar nicht vorstellen: eine Frau, die verheiratet ist und Familie hat. Sogar ich als Ledige kann meine Wäsche nicht waschen, mir kein Essen machen, das ist zeitlich unmöglich. Wenn ich nicht noch meine Mutter hätte, die mir den Haushalt führt, wäre ich aufgeschmissen. Ich möcht auch noch etwas anderes machen, was mir Spaß macht. Ich geh noch nebenbei in die Volkshochschule. Die Frauen in unserem Amt haben zu 80 Prozent zwei Berufe, den Beruf da herin und den Haushalt. Ich bewundere die Frauen, wie die alles schaffen. Aber die Hausarbeit zählt ja gar nicht, das ist selbstverständlich. Letztlich hab ich bei Bekannten so gelacht: Hält er einfach seiner Frau die leere Tasse hin, ich hab's ihm nachgemacht. Selbstverständlich rumpelt sie auf und holt den Kaffee. Beide sind berufstätig. Ihm ist das nur durch meine Reaktion aufgefallen. Aber sicherlich fällt es ihm sonst gar nicht auf, und ihr auch nicht. Ich denk mir oft, die berufstätigen Hausfrauen stehen wirklich in einem Streß. Der Kindergarten schmeißt die Kinder um 17 Uhr auf die Straße. Je nach Arbeitsanfall hetzen die Frauen schon am frühen Vormittag mit dem Ziel, um Gottes willen ja rechtzeitig den Dienst verlassen zu können. Sind sie aber um fünf noch nicht fertig, dann sind sie restlos nervös. Schon diese nervliche Beanspruchung! Und wenn man so sieht, was die Frauen wirklich organisieren müssen. Mit Päckchen bepackt immer heimkommen, in der Stadt einkaufen, weil sie Zeit sparen müssen. Wie will man da verlangen, daß diese Frauen sich überhaupt Gedanken über ihre Situation machen, geschweige denn sich noch politisch betätigen. Man kann und darf ihnen gar nicht böse sein. Und das, glaub ich, ist unsere Schwierigkeit, aus dem Teufelskreis kommt man so schnell nicht heraus.

Das Beste wär, wenn beide, Mann und Frau, bloß noch halbtags tätig sein müßten, und die Halbtagstätigkeit so gelegt werden könnte, daß der eine mal vormittags, der andere nachmittags, wechselweise arbeitet, dann können nämlich Haushalt und Beruf wunderbar miteinander vereinbart werden. Dann wär wahrscheinlich noch so viel Zeit und Muße, sich tatsächlich mal um Politik, Parteien und Gemeinwesen zu kümmern. Das wär das Wichtige. Aber wahrscheinlich vor dem Jahr 2000 nicht erreichbar.

Die Kollegen akzeptieren mich, so wie ich bin

Anna M.
41 Jahre
kein Beruf, tätig als Arbeiterin

Mitglied der IG Metall
Vertrauensfrau

metallverarbeitender Betrieb
ca. 19000 Beschäftigte

Ich arbeite neun Jahre bei der BMW. Die ersten drei Jahre hab ich darum gekämpft, Vertrauensfrau zu werden. Wir haben in unserer Abteilung eine Unterschriftensammlung gemacht, die Kollegen haben mich also unterstützt, der Betriebsrat wollte nicht so gerne sehen, daß ich Vertrauensfrau werde, weil ich politisch sehr engagiert bin. Ich bin Mitglied der DKP. Das war sein Hauptargument, und deshalb sollte ich keine Vertrauensfrau werden. Ich hab bei Betriebsversammlungen gesprochen, und dadurch bin ich bei den Kollegen bekannt – sie haben mich immer darin bestärkt, nicht aufzugeben, und schließlich bin ich doch Vertrauensfrau geworden.

Als Frau bin ich nicht diskriminiert worden, von meinen Kolleginnen und Kollegen bestimmt nicht! Ich hab mich immer eher durch die Betriebsräte diskriminiert gefühlt. Die haben mich am Anfang weder gegrüßt noch gesehen und so getan, als wenn's mich nicht geben würde. Das war eine bittere Erfahrung für mich. Ich hab mir unter Betriebsräten was anderes vorgestellt – noch dazu, wenn es lauter SPD-Betriebsräte sind –, ich hab mir vorgestellt, daß sich Betriebsräte für die Arbeiter einsetzen und vorurteilslos handeln und urteilen.

Politisch geworden bin ich so zwischen 1966 und 1968. Ich hatte Bekannte, die mich mitgenommen haben, z. B. zum Ostermarsch; und 1969, glaub ich, war ich zum ersten Mal auf eine 1.-Mai-Kundgebung gegangen. In diesen Jahren war in der Bundesrepublik eine sehr starke außerparlamentarische Bewegung, z. B. gegen die Notstandsgesetze und den amerikanischen Krieg gegen Vietnam. Ich hab viele Aktionen mitgemacht, und aus diesen Aktionen hab ich gelernt, daß es zwei verschiedene Klassen gibt, eine, die herrscht, und die andere, die immer getreten wird. – Die Polizei! Die Aggressivität gegen friedliche Demonstranten! Ich hab's oft erlebt, bei den Vietnam-Demonstrationen, auch später bei den Springer-Aktionen. All diese Erlebnisse haben mich darin bestärkt, daß es noch was anderes gibt.

Ich bin nämlich unpolitisch aufgewachsen, zuerst in einem Säuglingsheim, weil meine Mutter früh gestorben war, dann zeitweilig bei Pflegeeltern und, als mein Vater wieder geheiratet hatte, ungefähr anderthalb Jahre bei ihm. Das war 1947, und weil die Stiefmutter sich nicht um uns gekümmert hatte, wurden wir – drei Schwestern – durch die Fürsorge in ein Kinderheim gebracht. Damals war es üblich, daß die Mädchen im Heim viel Handarbeiten machen mußten, auch für draußen; Pullover oder Socken stricken oder für Aussteuer sticken und Hohlsäume machen. Dadurch hat das Heim Geld verdient. Wir haben auch Altardecken für den Pfarrer gemacht. Ich mußte die ganze versäumte Schulzeit im Heim nachholen. Insgesamt war ich dort fünfeinhalb Jahre. Das Schlimmste waren die Erziehungsmethoden, z. B. wenn ein Mädchen gebrochen hat, mußte sie das wieder essen. Geschlagen wurden wir natürlich auch. Aber ewig in die Kirche gehen – schon morgens um sechs. Weihnachten war auch schlimm, wir haben immer geheult. Das einzig Positive war der Kontakt zu anderen Kindern durch die Schule, die nicht zum Heim gehörte. – Die persönliche Entfaltung ist überhaupt nicht gefördert worden. Wir – meine Schwestern und ich – haben auch keinen Beruf erlernt. Manche Mädchen im Heim, die Eltern oder einen Elternteil hatten, haben vielleicht eine Lehrstelle bekommen. Aber wer niemanden hatte, der sich kümmerte, wurde in einen Haushalt vermittelt. Ich bin als Küchenhilfe ins Rote-Kreuz-Krankenhaus nach München vermittelt worden. Das war von einem Heim ins andere. Ich bin dann abgehauen, hab alles liegen gelassen, und die Stiefmutter mußte die Sachen später holen. Während der ganzen Zeit steht man unter Fürsorgeaufsicht. Ich weiß noch, als meine Schwester heiraten wollte, wurde alles von der Fürsorge geprüft, was das für ein Mann war usw. Ich hab mit 20 Jahren geheiratet und mich nach zwei Jahren wieder scheiden lassen, weil ich feststellen mußte, daß die Ehe auch nicht das ist, was ich mir vorgestellt hab. Ich hab mir ein Zuhause gewünscht und wollte nicht mehr hin- und hergeschoben werden. Wenn man aus einem Heim kommt, hat man auch Illusionen; man wächst total weltfremd auf. Ich war durch meine Kindheit und Jugend schon sehr selbständig, weil ich mich immer auf mich selbst verlassen hab müssen, 's war eben niemand da. Ich bin für meinen Lebensunterhalt selbst aufgekommen und stelle fest, daß ich das auch alleine geschafft habe. Lange Zeit hab ich als Küchenhilfe gearbeitet und dann in verschiedenen Reinigungen. Ich hab immer Bügelfalten in Hosen gepreßt, weil ich das so gut konnte.

Zur DKP bin ich dadurch gekommen, daß ich mich in den Jahren, die ich vorhin schon einmal erwähnt hab, politisch informiert, auch Mitstreiter von Demonstrationen, Bekannte und Freunde gefunden hab. Wir haben damals in Zirkeln Schulungen gemacht, und ich hab auch damals zum ersten Mal über gesellschaftspolitische Probleme mitdiskutiert, womit ich mich bis dato noch nie befaßt hatte. In der Zeit hab ich sehr, sehr viel gelernt, nach meiner Meinung auch begriffen, in welcher Gesellschaft ich überhaupt lebe. Das alles war wichtig für meine spätere Entwicklung. Damals hab ich auch zum ersten Mal vom Sozialismus und von den Theorien von Karl Marx gehört.

Mir ist es sehr schwergefallen, weil dort sehr viele Fremdwörter waren, die in meiner Sprache nie vorgekommen sind, und die hab ich erst verstehen lernen müssen. Die Sowjetunion kannte ich zwar auf der Landkarte, aber die Menschen und ihre Gesellschaft hab ich erst durch die Schulungen und auch die Filme, die es damals gegeben hat, kennengelernt. Dadurch hab ich überhaupt erst einmal gesehen, daß es noch ein anderes System außer dem kapitalistischen gibt. Es hat sehr lange gedauert, bis ich die Zusammenhänge alle einigermaßen kapiert hab.

1967 wurde mir in dem Betrieb, in dem ich als Hosenpresserin gearbeitet hab, fristlos gekündigt. Bei einer Vietnam-Demonstration anläßlich der »deutsch-amerikanischen Freundschaftswoche« wurde ich von Polizeibeamten schwer körperlich mißhandelt und war acht Wochen krank. Die Polizei war natürlich dort in dem Betrieb, und darauf hat mir der Chef fristlos gekündigt. Dann war ich zwei Jahre arbeitslos. 1969 hab ich bei der BMW als Brotzeitfrau angefangen. Seit neun Jahren mach ich diese Tätigkeit.

Brotzeitverkauf ist, den Kollegen in den Pausen Semmeln, Wurscht, Bier, Zigaretten, was halt die BMW zu bieten hat, zu verkaufen. Ich tu mein Bestmöglichstes, die Kollegen zufriedenzustellen, und ich muß sagen, ich komm mit ihnen sehr gut zurecht. Bei der BMW gibt es sehr viele ausländische Kollegen, mit ihnen umzugehen, ist besonders schwierig, weil sie andere Mentalitäten haben, in einem fremden Land sind und immer angefeindet werden. Sie sind dadurch sehr mißtrauisch, man muß schwer arbeiten, bis man ihr Vertrauen gewinnen kann. Meine Arbeit befriedigt mich an und für sich. Nur die äußeren Umstände . . . z. B. der Lärm in der Halle, da sind Phonstärken von 80 bis 85; die Hetze, wenn man sieht, wie die Kollegen durch die Gegend gehetzt werden, keiner nimmt Rücksicht auf die Schwächen des andern. Jeder muß sein Bestes geben, weil, wenn er in so einer Halle, wo Akkord gearbeitet wird, nicht mitkommt, ist er schnell wieder verschwunden. Was so alles mit den Kollegen passiert, sie werden hin- und hergeschoben. Wenn die neue Technik montiert wird, werden Arbeitsplätze frei, dann kommen sie in andere Abteilungen, was praktisch für sie wieder ein neuer Anfang ist. Wenn man das jahrelang beobachtet und mitkriegt, dann ist das sehr deprimierend, und manchmal hab ich mir schon gedacht, ich muß raus aus der Abteilung.

Es gibt auch positive Erscheinungen. Die Kollegen lassen sich nicht immer alles gefallen. Letztes Jahr z. B., als in der BMW der erste heiße Sommertag war, waren die Kollegen furchtbar empört darüber, daß die Lüftung nicht funktionierte, obwohl sie sich dauernd bei den Vorgesetzten beschwert haben. Sie haben mich und meinen andern Vertrauensmann informiert und uns aufgefordert, wir sollen doch irgendetwas machen, sie halten das nicht mehr aus. Ich bin dann rumgegangen, hab auch in den anschließenden Abteilungen gefragt, ob sie uns unterstützen würden. Der Vertrauensmann der anderen Schicht hat auch gesagt: »Gut, machen wir eine Unterschriftenaktion.« Ich sollte nur noch den Betriebsrat informieren und zusätzlich meinen Vorgesetzten, den Abteilungsleiter. (Bei betrieblichen Aktionen muß man immer die betreffenden Organe, z. B. Betriebsrat oder Vertrauensleutekörper informieren.) Der Abteilungsleiter hat mehr oder weniger interesselos gesagt: »Gehen Sie halt zum Betriebsrat.« Er hatte wohl die Situation verkannt und nicht gedacht, daß er später Schwierigkeiten bekommen wird. Unser zuständiger Betriebsrat meinte: Er kann uns das nicht verbieten, weil er sich sonst bei uns in der Abteilung nimmer blicken lassen kann.

Innerhalb von zwei Tagen haben wir schon 180 Unterschriften zusammen gehabt. Und wie es der Teufel will, haben so Leute von außerhalb in ihrer Zeitung, der MAZ oder wie das Blatt heißt, über diese Aktion geschrieben, so als wüßten wir nicht, daß das mit Kosten verbunden ist. Zuerst haben sie über den Betriebsrat, dann über die Unterschriftensammler hergezogen und zum Schluß es so hingestellt, als würde alles nix nützen, quasi verlorene Zeit. Das war eben nicht der Fall, die Aktion hat einen vollen Erfolg gehabt. Wegen dieser Schreiberei hat der Betriebsrat die Unterschriften, wir waren mit der Sammlung noch gar nicht fertig, sofort holen lassen.

Ungefähr sechs Wochen lang waren Monteure da und haben festgestellt, daß in vielen Schächten kein Filterpapier war, Motore gar nicht montiert gewesen sind oder ausgefallen waren. Alles war verschmutzt und verdreckt.

Der Abteilungsleiter hat von der Personalabteilung einen Anschiß bekommen. Der hat natürlich sehr sauer reagiert und sofort sämtliche Führungskräfte, also Meister und Einsteller, ins Besprechungszimmer kommen lassen und Einschüchterungsversuche unternommen, z. B. dürfen sie nicht wieder unterschreiben, oder wenn so etwas wieder vorkommt, muß es sofort gemeldet werden und ähnliches. Aber das hat gar nicht gewirkt, weil die Kollegen eher noch schadenfroh waren, daß er mal eins aufs Haupt gekriegt hat, wie man so schön sagt. Sie haben sich richtig gefreut, weil sie gesehen haben, wenn man die Unterstützung von allen Kollegen hat, kann man wirklich was machen. Und es war sehr wichtig, auch für mich, daß das ein Erfolg war. Ein Kollege hat daraufhin spontan 50 Mark für die Partei gespendet. Die Kollegen waren stolz auf mich, weil ich die Verantwortung auf mich genommen hab. Sie haben Bier und Wein gezahlt und waren froh darüber, daß es funktioniert hat.

So kleine Beispiele gibt es genügend: Ich bin viel mit Frauen zusammen. Wenn die Brotzeittätigkeit vorbei ist, setzen wir uns immer in einen Kaffeeraum, machen uns Kaffee und unterhalten uns. Einmal erzählt eine Kollegin: »Mir haben s' heute wieder den Kühlschrank aufgebrochen.« Und dann geht das Schimpfen los. Man stellt fest, daß man betrogen wird. Die Kolleginnen investieren beim Brotzeitverkauf immer ihr Privatgeld als Wechselgeld, manchmal bis zu 500 DM. Auch ich hab das acht Jahre lang mitgemacht und bin vorher nie draufgekommen, daß man das eigentlich ändern könnte. Es war ewig eine Meckerei, bis ich den Entschluß gefaßt hab: Jetzt frag ich mal, ob sie einverstanden sind, wenn ich diesen Mißstand dem Betriebsrat vorbring. Eigentlich ist der Betrieb laut Tarifvertrag verpflichtet, jeder Brotzeitfrau Wechselgeld für ihre Arbeit zur Verfügung zu stellen. Es war also unser gutes Recht, dies zu fordern. Und trotzdem habe ich ein halbes Jahr an meine Kolleginnen hinreden müssen. Sie waren dann gar nicht so begeistert, wie sie gemerkt haben, daß jemand die Sache wirklich weiterleitet.

Als ich vorerst unseren Bereichsbetriebsrat geholt hab, hab'n sie alle auf einmal geschimpft. Nachdem sich die Debatten dann beruhigt hatten und sachlicher geworden waren, hat der Bereichsbetriebsrat gesagt, ich soll das auch noch auf der

Vertrauensleuteschulung bringen, nicht daß der erste Vorsitzende das nur von ihm hört. Auf der Schulung hab ich den anderen Kollegen erklärt, daß wir seit Jahren unser Wechselgeld von Zuhaus mitbringen und uns dann noch gefallen lassen müssen, daß Kühlschränke aufgebrochen werden und unser Privatgeld geklaut wird. Zwar werden darüber Statistiken gemacht, aber von unserm Geld haben wir nie wieder was gesehen. Es hat immer nur geheißen: Das ist euer Privatgeld, da zahlt BMW nix. Zustände wie im Mittelalter, hab ich gesagt, wo die Arbeiter ihr eigenes Werkzeug in die Arbeit mitbringen hab'n müssen. Daraufhin hat der ganze Saal gelacht. Dem Betriebsratsvorsitzenden war die ganze Sache ziemlich peinlich, und ich hab den Eindruck gehabt, er wußte davon überhaupt nichts. Dann gleich am Montag darauf haben die Kolleginnen wissen wollen, ob ich das vorgebracht hab.

Drei Monate sind vergangen, auf einmal heißt's, ich muß ins Personalbüro. »Was ist jetzt los?« denke ich. »Ich hab doch nix angestellt.« Im Personalratsbüro fragt mich Herr W., in welcher Abteilung ich arbeite, ich soll meinen Arbeitsgang schildern. Aha, hab ich gedacht, das ist wegen der Beschwerde über unser Wechselgeld. Er sagte, sie haben von der ganzen BMW, von allen Abteilungen Frauen zu sich kommen lassen und alle haben im Prinzip dasselbe gesagt, und dann hat er mir eröffnet, daß sie einen Beschluß mit dem Betriebsrat gefaßt haben, daß wir von nun an von der Firma Wechselgeld kriegen, und sogar noch Portemonnaies.

So etwas spricht sich schnell herum, obwohl es nicht an der großen Glocke hängt.

Als meine Kolleginnen merkten, daß man was erreichen kann, haben sie sofort gesagt: »Warum bekommen wir keine Arbeitskittel gestellt? Die Verkäuferinnen am Verkaufsstand haben Kittel von der Firma, wir Brotzeitfrauen, sind wir was Schlechteres? Wir müssen genauso Lebensmittel verkaufen.« Und siehe, wir haben auch Kittel bekommen. Es dauert nur immer eine gewisse Zeit, bis die Kolleginnen begreifen, was los ist.

Solche Aktionen im Betrieb kriegen die Kollegen eher mit als große Demonstrationen. Die haben zwar Öffentlichkeit, aber im Betrieb, direkt am unmittelbaren Arbeitsplatz, kapieren die Kolleginnen und Kollegen viel besser, was wir als Kommunisten eigentlich wollen. Sie akzeptieren dich durch deine Arbeit, die du machst, und sie nehmen daran auch teil. Ich weiß, daß die Kollegen über die Kommunisten immer nur negative Sachen hören durch die bürgerlichen Medien. Aber meine Erfahrung ist, daß mich die Kollegen akzeptieren, so wie ich bin.

Ich muß ihnen halt meine Krallen zeigen, daß sie wissen, was los ist

Marianne F.
40 Jahre, ein Kind
Beruf: Friseuse, tätig als Fachhilfsarbeiterin

Mitglied der IG Druck und Papier
Betriebsratsvorsitzende (freigestellt)

Druckereibetrieb
ca. 220 Beschäftigte

Ich bin aus der Schule mit 14 und hab den Friseurberuf erlernt. Eigentlich wollte ich Säuglingsschwester werden, wurde allerdings erst mit 18 aufgenommen. Um nicht vorher in ein Heim zu müssen als Putzfrau, das war damals die Bedingung, hab ich drei Jahre Friseuse gelernt. Hab abgeschlossen. Bin dann viereinhalb Jahre als Praktikantin zu einem Chirurgen. Wie's so weit war, wurde mir gesagt, daß ich den Beruf nicht ausüben kann, wegen meinem Herz. Da war ich natürlich dermaßen bitter enttäuscht . . ., Tränen.

Dann bin ich kurze Zeit danach zur Druckerei E., hab geheiratet, meinen Sohn auf die Welt gebracht und drei Jahre pausiert. Bin dann auf Wunsch meines Sohnes, weil er in den Kindergarten gewollt hat, wieder in die Arbeit gegangen. Und hab bei der Druckerei M. in der Setzerei angefangen, als – wie sagen wir das jetzt am besten? – ja, Klischees und Satz verwalten, hab z. T. auch ganz kurz so Sachen mitgelesen. Das war am Anfang sehr schwer, aber in der Zwischenzeit hab ich mir einiges angeeignet, schon aus Interesse.

Bin dann, nachdem in der Setzerei umgestellt wurde, in die Binderei. Das war mehr handwerklich, die Feinarbeiten haben mir etwas mehr gelegen. Ich hab immer so kleine Arbeiten, wozu man Fingerfertigkeiten gebraucht hat, bekommen. Nach vier, fünf Jahren ca. hat man wieder umgestellt, inzwischen war ich im Betriebsrat. Ich bin jetzt im sechsten Jahr im Betriebsrat, seit drei Jahren Vorsitzende, und muß sagen, es hat schon einigen Kampf gekostet. Erstens schon mal die Freistellung als Vorsitzende, nachdem wir ja nur 220 Beschäftigte sind, die Grenze liegt eigentlich bei 300.

Mit den Kolleginnen ist das so eine Geschichte. Teils sind sie ehrlich und offen und sagen oder meinen das, was sie sagen, und bleiben auch bei dem. Aber es gibt auch welche, die sagen: Das und das ist nicht richtig. Und wenn man der Sache nachgeht, dann fallen sie um und wollen nichts mehr davon wissen. Das ist schlecht, sehr schlecht, grad wenn man sich für irgendjemand einsetzen will – und wenn's bloß um Pfennigbeträge geht, wo sich vielleicht die Firma mal verrechnet hat oder irgendwas Kleines. Sie wollen dann lieber nix mehr davon wissen, weil sie irgendwie Angst haben, der Abteilungsleiter könnt sie vielleicht umeinanderschieben oder von ihrem Arbeitsplatz wegtun, weil er von der Geschäftsleitung irgendwas erfährt. Ich sage immer wieder: Bleibts bei dem, was Ihr sagt, es soll seine Richtigkeit haben und ich muß das ja vertreten. Wenn ich zur Geschäftsleitung geh, die Schwierigkeit darleg, man holt den Kollegen, versucht, ihn irgendwie in das Gespräch mit einzubeziehen, und er sagt dann: »Ja, so hab ich das nicht gemeint«, dann heißt's natürlich von der Geschäftsleitung zum Betriebsrat: »Was wollen Sie denn, da haben bloß *Sie* gestört.« Und das ist schlecht für den Betriebsrat. Wenn wir mit irgendeiner Schwierigkeit kommen, die kann dann wirklich ernst sein, nimmt uns die Geschäftsleitung das nicht ab. Vor allem tun wir uns dann sehr hart, das überhaupt glaubhaft darzubringen.

In diesem Betriebsrat mit sechs Männern ist es schwierig für mich, weil ich das erste Mal Vorsitzende bin, dann vier Neulinge drin sind, die noch nie in einem Betriebsrat waren, und noch dazu sind's z. T. noch verhältnismäßig junge Leut. Die wollen mit dem Kopf durch die Wand. Man muß ihnen klar machen: Mensch, das können wir nicht so machen, glaubts mir's, probieren wir's auf *die* Art – ihr werdet sehen, wir kommen eher durch, oder wir erreichen so vielleicht mehr. Natürlich eine ewige Überredungskunst: der Manteltarif, das Betriebsverfassungsgesetz, davon muß man die immer wieder überzeugen. So Neulinge in eine Schulung einzugliedern ist auch schwierig. Der eine will nicht, weil er drei Tage von der Frau weg muß; der andre hat ein Kind und eine schwere Herzoperation; gut, ich hab Verständnis. Er war dann wenigstens bereit, die Schulung zu verlegen und ein paar Wochen später zu gehen.

Es gibt auch Betriebsräte, die sind z. B. schon im 10. Jahr im Amt, also 's dritte oder vierte Mal dabei. Nix zu wollen! Wenn die einmal in drei Jahren auf eine Schulung gehen, dann ist das alles! Es ist natürlich schwierig, mit solchen Leuten zusammenzuarbeiten. Die bleiben immer auf ihrem alten Standpunkt und verharren auf ihrer Meinung.

Weil die Betriebsrats-Kollegen sehr wenig Schulungen besuchen, spielt sich das meist so ab: kommt einer mit einer Frage, dann heißt's: Ach gehn Sie doch zur F. runter, die weiß das. Ich sag: »Mensch, Ihr kommts doch von der und der Abteilung, da sind zwei Betriebsräte, die müssen doch in der Lage sein, Euch das zu sagen!« Ganz ehrlich, bei dieser Betriebsratswahl hab ich das Gefühl gehabt, daß einige vielleicht nur Betriebsräte sind, weil ihr Arbeitsplatz für drei Jahre gesichert ist.

Damals, die vier Jahre in der Binderei, war ich beim Abteilungsleiter im Büro und hab die Tageszettel- und Lohnzettelabrechnung gemacht. Oft sind Schwierigkeiten gekommen, vom Manteltarif her und so. Dafür hab ich mich eigentlich schon immer ein bißl interessiert. Ich hab auch gesehen, wie manchen Kollegen wirklich unrecht getan wird. Der Kollege ist aber der Situation vielleicht gar nicht gewachsen. Bis der den Mund aufmacht, wird er vom Abteilungsleiter oder von anderen Kollegen dermaßen überrumpelt, daß er gar nichts mehr sagen kann. Sich als Außenstehende dann irgendwie einzumischen, war schwierig. Da hab ich mir gedacht, ich mach Betriebsrat. – Natürlich hab ich mir's reiflich überlegt, denn für mich hat das geheißen: Entweder mach ich's – und dann richtig, zumindest bemüh ich mich – oder ich laß gleich die Finger weg. Halbseidene Sachen, find ich, bringen nichts. Die nützen weder den Kollegen noch mir.

Ich bin schon als Kind mit meinem Vater gern zu den Maikundgebungen gegangen. Mein Vater war Maurer. Ich hab noch einen Bruder. Gar nicht zum Drandenken, daß der mit wär zur Maikundgebung. Der ist heut vielleicht nicht grad gegen die Gewerkschaft eingestellt, aber hat auch nichts dafür übrig. Mir hat der 1. Mai schon immer irgendwie gefallen. Man hat die Leut so sprechen gehört, ich hab mit meinem Vater hintennach oft diskutiert. Ich bin auch mal mit in eine Versammlung von der Gewerkschaft gegangen. Das hat mich alles irgendwie schon gereizt. Und deswegen bin ich vielleicht auch für die Gewerkschaft. Freilich, man kann nicht immer zu allem ja sagen, auch nicht bei der Gewerkschaft, man schluckt halt manches. Aber als Einzelner wird man nie was durchsetzen, man springt immer ein bißl mit dem Haufen und sagt: na ja, es wird schon richtig sein.

Wenn mich mein Vater nie mitgenommen hätt, dann hätt ich die Gewerkschaft ganz anders kennengelernt, vom Hörensagen vielleicht, so wie's bei vielen Kollegen der Fall ist. Die haben, wenn Sie die ansprechen wegen einer Mitgliedschaft, eine ganz komische Ansicht von der Gewerkschaft. Es gibt welche, die sagen: »Ja, auf das hab ich jetzt gewartet, daß Sie mich einmal ansprechen.« Manche Kollegen warten, bis Sie zu denen kommen. Man muß von Zeit zu Zeit alles einmal durchkämmen und hören, wo es Schwierigkeiten gibt. In den letzten drei Jahren hab ich das immer so gemacht. Ich hab an die 40 Mitglieder hereingebracht. Bei manchen klappt es beim ersten und zweiten Gespräch, bei andern muß ich drei-, viermal hingehen, aber die bleiben dann auch drin.

Sehr viele sind nicht einmal richtig informiert, nicht weil's vielleicht von der Gewerkschaft aus schlecht ausschaut, sondern weil die Kollegen von sich aus gar nix unternehmen, sich zu informieren. Die wissen nicht, was um sie rum vorgeht. Wenn man Flugblätter jetzt grad z. B. beim Streik* rumgehen läßt, liegen die unterm Tisch oder irgendwo im Papierkorb. Und am nächsten Tag fragen sie: »Was gibt's denn Neues?« Aber daß sie das gelesen hätten, keine Spur! Es ist natürlich sehr schwierig, überhaupt im Frauenbereich, würd ich sagen.

** der Frühjahrsstreik 1978 in der Druckindustrie gegen die drohende »Beseitigung« der Setzer durch die neue Technik*

Desinteresse oder zu faul zum Lesen. Ich hab schon mal gesagt: »Könnts ihr überhaupt lesen?« Ich hab das Gefühl, bei dem Gewerkschaftsheft ist es das gleiche wie bei den Flugblättern. Die Männer, muß ich sagen, die sind schon heller. Die lesen auch zwischen den Zeilen. Die sind schon oft gekommen, haben gesagt: »Mensch, haben Sie das gelesen, das ist doch nicht richtig!« Siehst, die passen auf. Aber eine Frau – sehr selten. Wenn eine Frau zu mir kommt und irgendwas bemängelt oder beanstandet, dann ist das nicht auf ihrem Mist gewachsen, sondern sie hat es von irgendwo im Flug mitgekriegt. Es gibt Frauen, die sind politisch sehr uninteressiert, lesen vielleicht lieber ein Kuchenrezept, ein Schnittmuster oder sonst irgendwas. Allgemein ist die Erfahrung mit den Frauen ganz schlecht. Man kann sie nicht zwingen und sagen, Ihr müßt das lesen, weil Ihr mir morgen daraus etwas erzählen müßt.

Vielleicht müßte man die Zeitung mal ein bißle modernisieren, besser aufbauen, vielleicht etwas spezieller für eine Frau machen, ich weiß nicht. Man müßt einmal speziell für Frauen Versammlungen veranstalten. Daß ihnen klar gemacht werden kann, um was es an *ihrem* Arbeitsplatz wirklich geht. Und was auch nebenan bei ihren Nachbarinnen los ist. Vielleicht wachen dann ein paar auf. Es wird in der Hinsicht auch zu wenig gemacht. Ich bin der Meinung, es müßt speziell für die Frauen was getan werden. Die Gewerkschaft müßt allgemein auch mehr Informationsmaterial rausgeben, grad für Frauen. Müssen ja nicht immer gleich Bücher sein, im Gegenteil, das find ich sogar nicht einmal besonders gut. Kurze Informationsblätter, einfach, schlicht und so, daß jede Frau, auch die einfachste, den Inhalt erfassen kann. In erster Linie über den Arbeitsplatz, daß sie überhaupt einmal ihre Rechte kennenlernt. Sie weiß zwar, daß sie morgen früh um 7 wieder an die Maschine muß, aber sie weiß z. B. gar nicht, warum eigentlich ein Knopf dort ist zum Ausschalten. Die Frauen haben eine heillose Angst vor dem Knopf, wo »Aus« oder »Stop« steht. Oft heißt es: »War heut noch den ganzen Tag nicht auf'm Klo«, und sie zappeln umeinander. Das find ich nicht richtig:

»Ja Mensch, warum gehn S' denn nicht?« »Ja mei, der treibt, und das pressiert« und »Der hat vorhin schon gefragt, ob ich nicht bald fertig bin.« Und dann schalt *ich* ab. Da schauen sie wie versprengte Hühner. Aber ich kann ja nicht jeden Tag in die Abteilung naufspringen und schauen, ob die jeweils alle in Reih und Glied aufs Klo gehen. Die männlichen Kollegen, die gehen einfach, die trinken auch mal ihre Halbe Bier, auch wenn der Abteilungsleiter daneben steht.

Man sollte den Frauen auch das Finanzielle mal klar machen. Speziell die Frauen, die an den Maschinen stehen, werden überhaupt schlecht bezahlt, unterbezahlt auf jeden Fall. Ein Mann, der an einer solchen Maschine steht, ob das ein Buchbinder oder sonst was ist, der hat seinen Stundenlohn. Und die Frau macht nicht mehr und nicht weniger, aber sie bekommt wesentlich weniger Stundenlohn. Das ist auch nicht richtig, sicher kann man das nicht von heute auf morgen regeln, das ist klar.

Es gibt sogar einen finanziellen Unterschied unter den Falzer*innen*. Wenn sie dem Abteilungsleiter passen, haben sie auf Anhieb den Stundenlohn, der ihnen gefällt. Wenn sie neu sind, die gleiche Leistung bringen und die gleiche Maschine bedienen, sind sie in der Lohngruppe 2, während die andere schon in 3, wenn nicht gar in 4 ist. Das bringt immer wieder Reibereien, denn irgendwie sickert es ja doch durch.

Momentan zittert jeder um den Streik und die Aussperrung. Auch wir haben Kurzarbeit beantragt, weil wir arbeitsmäßig schlecht dastehen, und wenn wir die Kurzarbeit nicht bekommen, dann müssen wirklich ein paar entlassen werden. Von 20 Frauen könnten dann acht gehen müssen. Die Frauen wissen gar nicht, was das für mich für Nächte sind, wenn ich so etwas zu hören bekomme. Ich liege im Bett und zermarter mir den Kopf oder sitze irgendwo und denke: Was könntest du machen, um den Kolleginnen zu helfen. Die von der Geschäfts- oder Betriebsleistung, die sagen einfach: »Die schmeißen wir raus.« Die tun sich da immer leicht.

In der Zeit, als damals vor drei Jahren die Betriebsratswahlen waren, war ich daheim, krank. Damals sind sie zu mir heimgekommen und haben mich bearbeitet: »Laß dich aufstellen! Komm, der andere Kollege würde drin bleiben, wenn du den Vorsitz übernimmst!« Ich hab gesagt: »Das kann ich nicht machen, das ist unmöglich. Ich kann doch nicht von vornherein sagen, ich übernehme den Vorsitz, und weiß gar nicht, ob ich der Sache überhaupt gewachsen bin.« Dann hab ich mich doch breit schlagen lassen und den Vorsitz übernommen, mit Hängen und Würgen und Zittern.

Vor allem, mein Mann hat gar nicht gewußt, daß ich Vorsitzende bin. Ich wollt immer den Moment abwarten, wo ich's ihm vielleicht irgendwie schonend beibringen kann. Er weiß, ich bin gesundheitlich eigentlich ziemlich angeschlagen, und deshalb hat er mir von vornherein abgeraten: »Also du machst das nicht, und wenn du das machst, dann gibt's den größten Krach daheim.« Und dem wollt ich halt aus dem Weg gehen.

Zuerst hab ich sehr viel Arbeit mit heimgenommen, damals war ja die Freistellung noch nicht. Das ist klar, alles kann man da herin nicht machen, ich wär bis nach acht, neun Uhr gesessen und hätt oft Sachen durchgepaukt. Das ist unmöglich. Ich hab daheim ja auch einen Haushalt. Daran hat er schon gesehen, daß da was nicht stimmt, die nimmt mir zu viel Zeug mit heim. Er hat's dann gemerkt. Ich glaube, ich war schon drei Monate Vorsitzende, als er es erfahren hat.

Mit der Geschäfts- und der Betriebsleitung war es am Anfang schwierig für mich als Frau. Die haben immer gemeint: mit der können wir's schon machen, die kapiert das vielleicht nicht. Sie haben mich rüber kommen lassen ins Büro und ihre Sachen vorgebracht, ob das Kurzarbeit war oder Überstunden oder sonstwas. Irgendwie ist mir das komisch vorgekommen: Die grinsen, da stimmt doch was nicht! Sie haben gemeint, sie können mich allein dadurch abservieren, daß sie anordnen: »Überstunden machen wir da und da.« Bis halt dann der Bumerang auf sie zurückgekommen ist: Ich hab ihnen nämlich das Gewerbeaufsichtsamt auf den Hals gehetzt. Da haben sie ganz schön dumm rausgeschaut aus ihrer Wäsch', und ich hab mir eins gegrinst. Seit der Zeit: keine

Schwierigkeit mehr! Ich muß ihnen halt meine Krallen zeigen, daß sie wissen, was los ist.

Man muß sich natürlich schon hineinknien, vor allem als Vorsitzende und als Frau. Die Kollegen zu überzeugen kostet auch viel Energie und viel Kraft. Nachdem ein Jahr rum war, hab ich gedacht: Siehst, hast dich bald länger durchgebissen als verschiedene Männer, die nach vier Wochen aufgehört haben. Und um das war's mir ja, als ich gesagt hab: Entweder mach ich's ganz oder gar nicht!

Was es mir persönlich gebracht hat? Ärger, sehr viel Ärger! Vor allem, weil sehr viel an einem selber hängt. Du bist nun mal die erste, die rübergerufen wird ins Büro, und den ersten Bumerang fängst du ab. Du kannst es den Kollegen gar nicht immer so beibringen, was sich da drüben oft abspielt mit der Betriebsleitung, mit den Abteilungsleitern. Der eine hat das Problem wegen einer Maschine, der andere wegen einer Kollegin. Es gibt auch schöne Sachen, aber das ist natürlich sehr selten. Ich würd schon sagen: überwiegend Ärger, Verdruß. Drum hab ich wahrscheinlich auch seit vorigem Jahr ein Magengeschwür. Muß schon sagen: einen Vorteil hat's mir nicht gebracht.

Aber ich weiß nicht, ob das richtig ist, wenn jeder sagt, das mache ich nicht, da werde ich mich nur rumärgern. Wer soll es dann machen! Dann sage ich mir, komm, rappele mich wieder auf und laß mich wieder aufstellen. Ich weiß, wenn mein Mann das wieder erfährt, dann ist gleich wieder der Teufel los. Zuerst habe ich gedacht, dieses Mal lasse ich mich nicht mehr aufstellen. Bei den Kollegen kann dann kommen: »Ach, jetzt hat sie Angst, jetzt zieht sie Leine, jetzt geht sie.« Ob das stimmt oder nicht, das weiß bloß ich. Und wie gesagt, wenn jeder sagt, ich will nicht . . .

Die Männer sagen nie,
daß die was auf dem Kasten hat

Monika H.
23 Jahre
Beruf: Industriekaufmann

Mitglied der ÖTV
Zunächst Jugendvertreterin, dann Personalrätin

Stadtwerke (innerhalb der Stadtverwaltung)
ca. 800 Beschäftigte

Wir haben bei uns im Betrieb Jugendvertreter gehabt, die sehr gut waren. Und die haben mich mal angesprochen und gemeint, ich soll auf ein Seminar von der Gewerkschaft fahren. Diese erste Schulung, die ich mitgemacht hab, war wohl ausschlaggebend für meine Entwicklung, weil ich dort ganz andere Leute kennengelernt hab. Mich hat interessiert, was die so machen, und vor allem, ob man wirklich etwas verändern kann, wenn man sich engagiert. Ich hab sie, die aus der Gewerkschaftsjugendgruppe, ganz gut gefunden. Sie waren nicht so geschniegelt; irgendwie hat mir der Lebensstil, den sie hatten, gefallen.

Als Auszubildende hab ich überhaupt kein Geld gehabt, von uns wurde aber verlangt, wir sollten uns schön anziehen, das war bei mir nicht möglich. Ich hatte ziemliche Wut darüber. Dann war mir das egal; ich hab die ersten Jeans gekauft, und es hat mir überhaupt nix mehr ausgemacht. Dadurch wurde ich irgendwie ganz anders.

Damals, so mit 15, 16, war ich auch in Diskotheken; da kostete ein Orangensaft 6 Mark, und als Auszubildende geht das nicht. Und nachher sind wir bloß in Kneipen und haben uns halt ein Bier gekauft. Es war ein ganz anderer Kreis, diese Leute aus der Gewerkschaftsjugend. Sie haben eine andere Einstellung gehabt; eine Einstellung, die ich heute unterstützen muß, denn alles andere ist wahrscheinlich Blödsinn. Man gaukelt sich etwas vor, wenn man mit 15, 16 Jahren in Diskotheken geht und mordsmäßig Geld ausgibt.

Früher bin ich irgendwo rumgehängt. Wir waren oft bis nachts um zwei oder drei in irgendwelchen Diskotheken. Und in der restlichen Zeit – mal ins Kino, am Wochenende mal mit Freunden irgendwo hingefahren, auch wieder in eine Diskothek, nicht etwa zum Tanzen, sondern weil eben nichts anders da war und weil die Clique auch nichts anderes interessiert hat. Mit der Zeit war das ziemlich langweilig. Die Mädchen waren nur dazu da, sich zweimal in der Woche schön herzurichten, damit man mit ihnen fortgehen konnte. Aber so am Biertisch oder in der Diskothek wurde dann über Fußball und über Autos gesprochen.

Vieles spielte bei der Entwicklung meines Engagements eine Rolle. 1972 war die Lehrlingsbewegung, ich glaub, vor allem im Metallbereich ziemlich stark. Wir haben das bei uns, den Stadtwerken, nicht so mitgekriegt. Aber es gab z. B. Floh de Cologne – eine politische Rockgruppe – oder ähnliche Gruppen, die sehr oft nach München gekommen sind. Das reißt dann irgendwie mit – mich jedenfalls. Ich hab die Gruppe Floh de Cologne nicht gekannt, bevor ich in die Gewerkschaft gekommen bin. In anderen Kreisen sind sie nicht bekannt. Das ist schade, aber das liegt einfach daran, daß die Zeitungen, auch die Veranstaltungskalender, sowas nicht drucken, oder nur ganz klein. Und dann kommt's noch darauf an, daß du irgendwie angesprochen wirst: »Die sind gut« und: »Geh mal mit« oder so. Es ist genauso bei einem Film, den schaut man sich meistens auch nur an, weil man entweder was darüber gelesen hat, oder es sagt ein Bekannter: »Der ist gut.« Sonst würde ich mir nie einen Film anschauen.

Den stärksten Einfluß auf mich hatten die Jugendvertreter, die bei uns im Betrieb gearbeitet haben, und die Teamer, die die Gewerkschafts-Schulungen gemacht haben, nicht die Gewerkschaft an sich oder ein Jugendsekretär. Es hatte mich interessiert, was die Jugendvertreter im Betrieb machen, man will irgendwie aktiv dabeisein, selber mitmachen. Und so hab ich 1974 als Jugendvertreterin kandidiert; wurde auch gewählt. Das war ich dann ein Jahr bei uns im Betrieb, und dann hab ich Gesamtjugendvertretung gemacht, eine Ebene höher, auf der mehrere Dienststellen der Stadt zusammengefaßt wurden. Ja, wenn man mal dabei ist, ist es ziemlich schwierig, nein zu sagen, obwohl das manchmal ganz gut gewesen wär. Plötzlich hieß es, du mußt zur Gesamtjugendvertretung kandidieren. »Na, ja«, sag ich, »so als bloßes Mitglied der Gesamtjugendvertretung, das geht, ich kann schon auf die Sitzungen kommen.« Ja, aber dann hat's geheißen, du, wir haben niemanden, der an erster Stelle kandidiert und den Vorsitz übernehmen kann. Und dann – ja, wenn wir niemanden haben? Entweder du sagst, nein, ich kann es nicht, oder machst es doch, versuchst es. Und wenn so diskutiert wird, wie wichtig die Gesamtjugendvertretung ist, wie wichtig das alles ist, ja, irgendwann glaubst du es. Man muß sich mal vorstellen, da gibt's fast 500 Jugendliche bei der Stadtverwaltung und die werden einfach nicht vertreten, d. h. die gibt es eigentlich überhaupt nicht.

Ich bin total ins Wasser geworfen worden. Bei der örtlichen Jugendvertretung in meiner Dienststelle war das noch nicht so schlimm. Das Problem war, daß es bei der Stadtverwaltung eine Gesamtjugendvertretung überhaupt noch nicht gegeben hatte. Wir waren damals beim ersten Mal sieben, die dann einer nach dem anderen zurückgetreten sind, weil keiner einen Sinn in der Arbeit gesehen hat. Übrig geblieben sind dann noch meine Stellvertreterin und ich. Wir beide haben versucht, daraus ein Organ zu machen. Dazu kommen noch die ganzen Schwierigkeiten, die wir mit den Personalräten hatten, die schon 20 oder 30 Jahre als Personalräte arbeiteten und die uns mit unseren 18 Jahren, kaum Erfahrung in solcher Arbeit, auch nicht unterstützt haben, sondern versucht haben, uns mit allen möglichen formalen Dingen abzublocken; ich möchte wirklich sagen abblocken, denn anders kann man es nicht nennen. Jetzt sehe ich das so: Sie wollten einfach nicht, daß Junge nachkommen. Vor allem hätten sie, das glaub ich auch, viel lieber einen jungen Mann als Gesamtjugendvorsitzenden gesehen, der da so mit Anzug und Krawatte auftritt. So ein neuer Kollege, den man aufbauen kann. In mir sahen sie bloß »ein nettes Mädchen«, das zwar was im Kopf haben kann, aber sie muß das nicht unbedingt sagen. Vor allem hab ich oft erlebt, wenn Kolleginnen, auch ältere, aufgetreten sind, dann hieß es entweder, das ist eine Chaotenfrau oder eine Emanze und was jetzt inzwischen so alles als Schimpfwort gebraucht wird. Die Männer sagen nie, daß die was auf dem Kasten hat, was kann, sondern: Die hat Haare auf den Zähnen. Auf jeden Fall ist es eine Schwierigkeit, wenn man noch sehr jung ist, sie nehmen einen nicht für voll.

Mich hat das ziemlich aufgerieben, die ganze Arbeit, ich glaub, ich war dem nicht gewachsen. Ich war mit mir selber noch nicht fertig und hab auch ziemliche Schwierigkeiten gehabt, z. B. bin ich bei jeder möglichen Gelegenheit rot geworden. Damals bin ich ziemlich krank geworden, hab Kreislaufstörungen gehabt. Sie haben mich dann sechs Wochen auf Kur geschickt. Das ist auch so ein Problem: Wenn man krank wird, verstehen sie das nicht. Man ist eine Zeit lang weg, von Informationen abgeschnitten, und gleich kriegt man so 'nen Ruf: Die schafft es nicht, und: Die ist schwach, und: Was tut die überhaupt? Den Ruf hab ich vor allem während der Zeit der Gesamtjugendvertretung gehabt. Das stinkt mir heute noch.

Natürlich haben wir auch Fehler gemacht. Wir haben z. B. einfach bei einer Kursleiterin angerufen und gesagt: Wir kommen jetzt mal und haben uns als Gesamtjugendvertretung vorgestellt. Gaby, meine Stellvertreterin, die dieselbe Ausbildung gemacht hatte, nämlich eine dreimonatige Ausbildung als Schreibkraft, hat den Kursteilnehmern mal erzählt, was eigentlich los ist, wenn sie fertig sind, daß sie dann nicht Chefsekretärin, sondern eigentlich der letzte Dreck sind. Zusätzlich haben wir noch Werbeprospekte oder Werbemappen der ÖTV verteilt. Das hat dann dazu geführt, daß wir eine Rechtsbelehrung beim Personalreferat, einer ziemlich hohen Stelle, bekommen haben. Es hätte ganz schön brenzlig werden können. Aber das waren Fehler, weil uns niemand gesagt hat, wie wir es machen müssen, was wir dürfen und was nicht.

Eines unserer Hauptprobleme als Jugendvertreter war die Ausbildung. Der Unterschied zwischen theoretischer Ausbildung und praktischer war ziemlich gravierend. Die praktische Ausbildung an den Dienststellen war miserabel. Wir sind ein

Vierteljahr bloß in der Abteilung herumgehockt und haben eigentlich nur Ablage gemacht, irgendwas einsortiert oder Botengänge erledigt. Die Kollegen, die am Schreibtisch sitzen, die Sachbearbeiter, die haben natürlich auch nicht unbedingt Lust gehabt, uns was beizubringen, weil sie selber ziemlich viel Arbeit haben. Als Jugendvertreter haben wir versucht, über die gesetzlichen Möglichkeiten Einspruch zu erheben, und haben Ausbildungspläne gefordert. Sicher hätten sie keine Ausbildungspläne gemacht, wenn wir nichts getan hätten. Wir haben die Ausbilder dazu gebracht, daß genau festgelegt wurde, was man an welcher Dienststelle zu lernen hatte.

Ja, wir haben schon ziemlich viel gearbeitet, aber auch viel erreicht. Und was mich heute noch unwahrscheinlich freut: Plötzlich sind wir auf die Idee gekommen, daß wir eigentlich einen sportlichen Ausgleich brauchen. Wir sind zum Werksarzt gegangen – über die Gewerkschaft ist es auch gelaufen –, wir wollten einen Schwimmkurs oder eine Stunde Schwimmen in der Woche haben. Der Werksarzt hat seine Zustimmung gegeben, die Direktion hat sich natürlich geweigert: Das ist unmöglich! Aber wir haben weiter gebohrt und – das haben wir jetzt!

Oder z. B. die Beurteilungsbögen. Die haben ein ganz komisches System gehabt, so nach Punkten, 100 Punkte war das Beste. Und na ja, da wirst du also eingestuft. Ob du jetzt in der Früh viertel nach sieben da bist oder sechzehn nach sieben, kann schon 10 Punkte weniger bedeuten, so haben die einen beurteilt. Und wenn du in der Brotzeit, sie dauert eine Viertelstunde, in die Kantine gegangen bist, so konnte es dir passieren, daß du eine Viertelstunde allein schon anstehen mußtest. Je nach Ausbilder an der Dienststelle wirst du beurteilt und kriegst auch nach der Ausbildung eine Planstelle. Wir haben selber Beurteilungsbögen erstellt. Als die Kollegen hinter uns gestanden sind, haben wir auch erreicht, daß sie die Beurteilungen abschaffen mußten, jedenfalls nach diesem System, und ein bissel gerechter vorgegangen sind. Es ist immer noch nicht angenehm, aber es gibt wenigstens kein Punktebeurteilungssystem mehr.

Jetzt bin ich nicht mehr Jugendvertreterin, sondern Personalrätin. Ja, wie sehen die Kolleginnen am Arbeitsplatz mein Engagement? Ich glaube, sie verstehen mich nicht ganz. Sie halten es für Idealismus oder auch für Geltungsdrang. Vielleicht sagen sie: »Die ist nicht ganz dicht« oder sowas. Sie haben ihre Männer, sind verheiratet, ihr Leben spielt sich in der Familie ab. Wenn ich über verschiedene Sachen mit ihnen diskutiere, dann sagen sie immer: »Ja, du hast schon recht und man müßte da was tun, aber . . . Ich muß nach der Arbeit heim. Ich hab ein Kind, und das kann ich nicht allein lassen.« Ja, das sind immer die Ausreden, die kommen. Ich hab auch schon gehört: »Dein armer Mann, der tut uns leid. Du fährst einfach auf ein Seminar? Und gehst jeden Abend woanders hin, daß der das aushält?« Ich versuch, mit ihnen darüber zu diskutieren, warum ich die Arbeit wichtig finde, ein Teil sieht's ein.

Allerdings, wenn man jahrelang dieselbe Arbeit macht, stumpft man irgendwo ab. Auch bei mir ist die Gefahr, daß ich viele Sachen überhaupt nicht mehr seh. Wenn mal ein Bekannter zu uns in die Kassenhalle, ein Großraumbüro, kommt, sagt der: Um Gottes Willen, wo arbeitest Du bloß! Wenn du vier, fünf Jahr hier arbeitest – oder wie die anderen Kolleginnen 10, 20 Jahre –, dann merkst du halt vieles nicht mehr.

Dabei hab ich bei meiner Arbeit noch ziemlich viel Abwechslung. Ich hab Kunden am Schalter zu bedienen, hab das Telefon, wo ich immer Auskünfte über irgendwelche Kontenstände geben muß. Aber trotzdem, wenn man eine Arbeit länger macht – ich hab vielleicht ein halbes Jahr gebraucht, bis ich drin war –, dann wird alles zur Routine. Auch Kunden Auskunft zu geben, warum der Strom gesperrt wird, oder ähnliches. Das ist immer dasselbe. Am Anfang war es noch ziemlich schlimm, wenn einer zu schreien angefangen hat. Ich wär am liebsten davon gelaufen. Aber auch das wird zur Routine, daß man sagt: Jetzt beruhigen Sie sich erst mal, und wir schauen mal, ob wir das ändern können . . . Meistens stellt sich heraus, daß wir doch im Recht sind. Ja, aber was heißt »im Recht« sein? Wenn einer arbeitslos ist und Kinder hat, dann kann man nicht sagen, daß man im Recht ist, wenn man den Strom sperrt.

Ich wollt schon oft was anderes machen. Industriekaufmann – das ganze war nicht sehr überlegt. Ich würde gern so im sozialen Bereich etwas machen, vielleicht Sozialarbeiter. Aber es ist schwierig, ich hab bloß Volksschule, und ein zweiter Bildungsweg ist unwahrscheinlich schwer für mich. Ich müßte Realschule, Abitur, alles nachmachen. Und vor allem, wenn ich seh, was die Sozialarbeiter wieder für Schwierigkeiten haben . . . Ob sich das lohnt, zehn Jahre auf die Schule zu gehen, damit ich dann vielleicht unter denselben Arbeitsbedingungen wieder arbeiten muß – ich glaub nicht.

Den Michael hab ich mit 17 kennengelernt. Es war das erste Mal für mich eine Beziehung, die mir ein bissel mehr bedeutet hat, und ich hab mir vorstellen können, daß ich mit ihm länger beieinander sein kann. Wir haben gut miteinander reden können, und es war so ganz schön. Er hat sich um mich gekümmert, das war für mich ziemlich wichtig, weil ich es von den Eltern und von der ganzen Verwandtschaft her nicht gekannt hab. Meine Mutter ist früh gestorben. Ich war dann immer bei den Geschwistern, und eigentlich war nie ein richtiger Bezug zu irgendjemandem vorhanden. Ich glaube, man verbaut sich wahrscheinlich selber seine Persönlichkeit. Es ist wichtig, daß man mit jemandem reden kann. Ich wohnte noch zu Hause, und wir haben – als es auch bei ihm schwierig wurde – eine Wohnung gesucht. Nachdem es mit unserem Geld nicht gegangen ist – er war zu der Zeit Ersatzdienstleistender und ich Auszubildende –, haben wir die Möglichkeit angeboten bekommen, in eine Wohngemeinschaft zu ziehen. Die anderen vier wollten sowieso in eine Wohngemeinschaft, sie hatten sich auch schon stärker überlegt, wie es in so einer Wohngemeinschaft wird.

Wir waren zu sechst in der Wohngemeinschaft, und ich war wieder mal die jüngste. Die anderen waren alle älter, die Mädchen um drei Jahre und die Jungen, die Männer, fünf oder sechs Jahre. Es war eigentlich ganz gut, weil wir alle gleichberechtigt waren. Keiner hat sich irgendwie hervorgetan, der alles übernommen hätte, sondern am Anfang ist wirklich versucht worden, über die Schwierigkeiten, die der einzelne hatte, zu sprechen und auch irgendwie eine Lösung zu finden. Das hat uns beiden, Michael und mir, sehr geholfen. Der Michael hat viele Geschwister gehabt und war immer ziemlich unterdrückt, weil auch er der jüngste war. Und bei mir war das sowieso so, daß ich nichts zu sagen hatte. Es war ein ziemlicher Lernprozeß für uns, daß man sich auch ganz normal verhalten kann, nicht immer irgendwie abkapseln oder eine Maske aufsetzen muß.

Zu dem Zeitpunkt war es also für uns beide ziemlich wichtig, erst mal die Wohngemeinschaft zu haben. Auch die Beziehung zwischen uns war ganz gut. Michael hatte schon länger politisch gearbeitet, er hat sich sehr stark interessiert und hatte im Vergleich zu mir eine ziemlich gute Allgemeinbildung, er war halt am Gymnasium, ist zwar später abgegangen, aber er hat wesentlich mehr gewußt als ich. Dann haben wir geheiratet, weil es für mich zu dem Zeitpunkt überhaupt nicht vorstellbar war, daß es irgendetwas geben könnte, was uns auseinander gebracht hätte. Man stellt sich alles so einfach vor: Alles geht so weiter und man baut gemeinsam ein Leben auf. Erst mal eine Wohnung einrichten, vielleicht auch Kinder haben. Eigentlich war uns beiden nicht klar, was es bedeutet, zu heiraten. Vor allem haben wir nicht damit gerechnet, daß man sich entgegengesetzt weiterentwickeln kann, daß ich mich z. B. in die Gewerkschaftsarbeit richtig reinsteigere, mich interessiere, weiter lernen will, während er überzeugt war, schon ziemlich viel zu wissen.

Was in der Gewerkschaft passierte, hat er eher passiv verfolgt. Er hat sehr viel gelesen, aber das nicht mehr umgesetzt oder mit anderen darüber diskutiert. Er hat sich zwar seine Meinung gebildet, aber gemeint, es reicht, wenn er mit mir diskutiert. Früher hat er bei mir im Betrieb gearbeitet, in derselben Dienststelle, bis er Ersatzdienst als Krankenpfleger gemacht hat. Das hat ihm dann als Beruf viel besser gefallen. Er hat es da mit Menschen zu tun gehabt. Während der

Ersatzdienstzeit hat er eine Ausbildung gemacht und ist jetzt Krankenpfleger. Na ja, und das hat es halt mit sich gebracht, daß er unterschiedlich Dienst hatte, einen ganz anderen Lebensbereich bekam und sich auch nicht mehr so dafür interessiert hat, was ich mache. Genauso schwierig war es für mich, denn ich hab überhaupt keine Beziehung zur Krankenpflege. Er hat auch nie viel erzählt. Obwohl ich glaub, daß es einen ziemlich belastet, wenn man in einem Nervenkrankenhaus arbeitet.

Natürlich hat er auch Nachtdienst gehabt. Und solange wir in der Wohngemeinschaft gewohnt haben, hat er am Tag drei Stunden Freizeit gehabt. Er war selten zur gleichen Zeit zu Hause wie ich. Er konnte zu den Terminen in der Gewerkschaft, zum Jugendgruppenabend oder zu Kreisjugendausschußsitzungen einfach nicht mehr kommen, weil er entweder zu der Zeit gerade Dienst hatte oder sich erholen mußte. Wenn man dann alles bloß erzählt bekommt, ist es wahrscheinlich ein bissel einseitig. Und für mich war es manchmal angenehmer, wenn ich mit jemandem sprechen konnte, der dabei war, ich fand das hilfreicher. Es hat mir einfach mehr gebracht. Er hat dann noch öfter gesagt: Ich wachse ihm über den Kopf. Im übrigen konnte er überhaupt nicht verkraften, daß er als normales ÖTV-Mitglied zu den Veranstaltungen ging und mich da als Verantwortliche sieht.

Na ja, und so mit der Zeit haben wir immer weniger verstanden, was wir eigentlich meinen. Ich hab auch ganz andere Bekannte gehabt, die er schon überhaupt nicht mehr gekannt hat. Er hat sich dann auch teilweise geweigert mitzugehen, weil er niemanden kennt. Ich bin dann öfters vor so Entscheidungen gestanden wie: Bleibst du jetzt zu Hause, weil der Mann daheim ist, oder gehst du mit den anderen fort, mit denen du dich eigentlich ganz gut verstehst, mit denen es einfach Spaß macht zusammenzusein. Und wenn einem das bewußt wird, muß man sich schon mal fragen, was das eigentlich noch soll. Na ja, da haben wir uns halt getrennt.

Ich kann mir gar nicht vorstellen, was ich normal für eine Entwicklung gemacht hätte, wenn ich nicht zur Gewerkschaft gekommen wäre und keine politische Arbeit gemacht hätte. Jedenfalls merke ich jetzt erst, wie viel eigentlich noch vor mir ist, was ich noch alles lernen kann, was ich alles machen möchte. Es gibt sehr viele, die mit 20 Jahren meinen, jetzt ist die Jugend vorbei. Jung sein heißt für mich vor allem Lernen. Menschen kennenlernen. Ich glaub, jetzt hab ich auch die Grundlage, weil ich nicht mehr so unbeholfen und so unsicher bin.

Ich bin manchen Männern zu selbstbewußt

Frieda H.
50 Jahre
Beruf: Kontoristin

Mitglied der IG Druck und Papier
Betriebsrätin

Druckereibetrieb
ca. 900 Beschäftigte

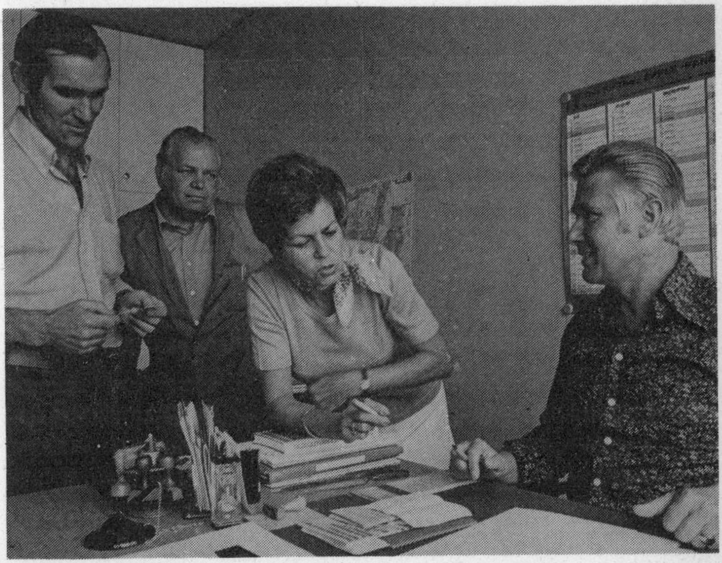

Ich hab die Volksschule bis zum 14. Lebensjahr besucht und anschließend drei Jahre Lehrerbildungsanstalt gemacht. Durch den Zusammenbruch des Dritten Reiches war die Schule vorerst einmal beendet, weil die Lehrkräfte alle bei der Partei waren und erst entnazifiziert werden mußten. Dann ging es 1946 in Pasing in der Lehrerbildungsanstalt weiter. Da war ich ein Jahr, bis ich gehört hab, was wir als ausgebildete Lehrkräfte verdienen, da hab ich die Ausbildung an den Nagel gehängt und mir eine Lehrstelle als Kontoristin gesucht. Hab dann aufgrund meiner Vorbildung noch zwei Jahre als Industriekaufmann lernen müssen.

Als ich im Februar 1947 in die Firma eintrat, sagte eine Kollegin zu mir, ob ich nicht zur Gewerkschaft gehen möchte. Ich hatte damals keinen Dunst von der Gewerkschaft und hab gefragt: »Ja, muß man denn da dabeisein?« Die Kollegin sagte: »Ja, selbstverständlich.« Es gab da für mich überhaupt keinen Grund mehr, zu Hause oder irgendwo anders nachzufragen. Ich bin halt sofort zur Gewerkschaft gegangen.

Wir hatten damals einen sehr netten Kreis von Betriebsjugendlichen, die sich in der Jugendgruppe Druck und Papier zusammengefunden haben. Das waren aus mehreren Betrieben die Jugendlichen. Wir haben Schulungsabende durchgeführt, sind auch sehr viel weggefahren ins Gebirg, man kommt sich dann sowieso näher, und ich kann im Rückblick sagen, daß diese Leute, die Jugendlichen von damals, heute alle Funktionen haben. Das hat sich also positiv ausgewirkt.

Ungefähr so Mitte der 50er Jahre fragte mich eine ältere Kollegin, die damals schon für den Betriebsrat tätig war, ob ich nicht auch kandidieren möchte, man sollte mal junge Leute reinnehmen in den Betriebsrat. Ich hab's probiert und bin auf Anhieb gewählt worden. Das war vor 22 Jahren, also 1956. Ich bin seitdem Betriebsrat für Angestellte.

Bei über 1000 Belegschaftsmitgliedern gibt es nach dem Betriebsverfassungsgesetz drei freigestellte Betriebsräte. Ich bin nicht freigestellt, denn diesen Arbeitsplatz, den ich hab, mußt ich mir erst erkämpfen. Das ist ein Arbeitsplatz, der nicht häufig in der Firma vorkommt. Wenn ich den jetzt aufgegeben hätte für die Freistellung, dann wär natürlich eine andre Kollegin dahingekommen. Und nach drei Jahren steht die Frage: Wirst du wieder gewählt? Wenn nicht, was machst dann? Ich hätt sicher einen Arbeitsplatz angeboten bekommen, aber den gleichen wahrscheinlich nicht mehr. Weil man die Kollegin nach drei Jahren auch nicht einfach wegnehmen und sagen kann: »So, und jetzt suchen Sie sich was andres, da kommt jetzt die Frau H. wieder hin.« Das waren damals meine Bedenken gegen eine Freistellung als Betriebsrat, und die Kollegen haben das eingesehen. Wir sind mit der Geschäftsleitung so verblieben, daß ich drei Vormittage im Betriebsratsbüro bin und zugleich auch die Schreibarbeiten fürs Betriebsratsbüro mach. Meines Erachtens hat sich das bewährt. Für mich ist es natürlich ein großer Streß, das muß ich sagen, weil ich auch am Arbeitsplatz im Druckereibüro meine ganze Arbeit nachmachen muß. Ich hab zwar eine Schreibkraft, die mir die Rechnungen schreibt, das muß sie sowieso machen, aber recht viel aushelfen bei meiner direkten Arbeit kann sie wegen ihrer eigenen Arbeit nicht. Sonst wär sie ja doppelt belastet. Ich muß halt im Eilzugstempo alles nachmachen. Und durch meine ehrenamtlichen Gewerkschaftsfunktionen, z. B. im Landesbezirk, im Hauptvorstand usw., geht oft ein Tag drauf, den ich in München verbring oder in Stuttgart, und das muß ich ja auch alles wieder einarbeiten.

Wie lang man das durchhält, diesen Streß, weiß ich nicht. Ich glaub auch nicht, daß ich das noch sehr lang machen kann. Betriebsrat schon, das reicht meines Erachtens für mich aus. Aber diese DGB-Sachen! Ich hab's jetzt lang genug gemacht, und ich bin auch dafür, daß Jüngere in die DGB-Funktionen kommen. Es ist ja so, wenn sich eine Frau irgendwie engagiert, dann kriegt sie dieses Amt und jenes noch dazu. Man ist froh, wenn man überhaupt einmal eine Frau findet, die sich engagiert. So ist es, ja. Das kann man bei jeder Frau feststellen. Und vielleicht ist das auch ein Grund dafür, daß sich so wenige Frauen engagieren, weil sie genau wissen: Da kommt was auf mich zu.

Freizeit ist ganz kleingeschrieben. Ich habe jetzt z. B., an diesem Wochenende, als Frauenleiterin vom Landesbezirk eine Arbeitstagung für die bayerischen Kolleginnen gehabt. Wir haben in jedem Bezirk eine Bezirksfrauenleiterin, insgesamt gibt es fünf Bezirke in Bayern von der IG Druck und Papier. Am Samstag mußt ich die ganze Tagung leiten. Wir haben uns mit verschiedenen Themen befaßt, im Mittelpunkt stand natürlich die Betriebsratswahl. Ja, und da war ich schon einige Wochenenden dortgesessen, hab geschrieben und mich vorbereitet. Also, Freizeit geht drauf, einwandfrei.

Früher waren wir eigentlich immer mit drei Frauen im Betriebsrat gut vertreten. Das ist nicht so selbstverständlich, drei Frauen bei elf Betriebsratsmitgliedern. Die beiden anderen Kolleginnen waren aus dem gewerblichen Bereich, der Buchbinderei; und waren *sehr* gut. Das waren alte Gewerkschaftlerinnen, die wußten, auf was es ankommt, haben sich auch bei ihren Kollegen und Kolleginnen sehr eingesetzt. Aber die beiden Kolleginnen gingen in Rente. Wir hatten vor drei Jahren bei der Betriebsratswahl eine junge Kollegin gewählt, die mußte aber dann aufgeben, weil sie ein Kind im Kindergarten hatte. Unsere Sitzungen fangen zwar schon um 1 Uhr an, aber sie dauern oft länger, das kommt immer auf die Tagesordnung an und was sich so in der Diskussion ergibt. Die Kollegin mußte dann eher weg, das Kind vom Kindergarten holen, und wenn das Kind einmal krank war, mußt sie zu Hause bleiben. Oft ist das mit Betriebsratssitzungen zusammengefallen, die Betriebsratskollegen haben schon gesagt: Das nützt uns gar nix, wir brauchen einen Ersatz. Die Kollegin hat das auch selber eingesehen und von sich aus das Amt niedergelegt. Nachdem keine weitere Kollegin kandidiert hatte, ist automatisch ein Kollege nachgerückt, so daß ich jetzt die einzige Frau im Betriebsrat bin.

Ich bin geschieden. Man kann ja meistens feststellen, daß Frauen, die sich so engagieren, keine Familie haben, also keine Kinder und meistens auch keinen Mann. Ich kenn das Problem aus meiner Ehe. Wenn ich mal weg mußte oder in eine Schulung von Druck und Papier am Wochenend gegangen bin, war das meinem Mann nicht recht. Ich hab's zwar gemacht, aber vielleicht hat das auch zu einem kleinen Teil dazu beigetragen, daß aus der Ehe dann eben nix geworden ist. Mein Mann war auch in der Druckindustrie beschäftigt, auch organisiert, aber er wollte halt's Wochenende nie für solche Sachen hernehmen. Er war ein Mitläufer, kann man sagen.

Im Betriebsrat, nachdem ich die Kollegen alle schon Jahrzehnte kenn, haben wir überhaupt keine Schwierigkeiten, ich werd auch als Frau voll akzeptiert. Und Sie wissen ja, wenn man akzeptiert wird, arbeitet man auch besser und lieber mit, man traut sich mehr zu sagen und wächst in die Rolle rein. Ich kann mir z. B. vorstellen, wenn eine Kollegin nicht so anerkannt ist, traut sie sich von Haus aus nichts zu sagen und bildet sich vielleicht gar nicht mehr weiter, persönlich und auch gewerkschaftlich nicht.

Mir wird aber auch sehr viel abverlangt von den Kollegen. Wenn irgendwelche Ausschüsse gebildet werden, z. B. nach der Betriebsratswahl, muß ich immer herhalten. Und ich mach's auch, weil ich einseh, es ist notwendig, daß auch überall eine Frau mit drin ist.

Genauso war's mit dem Arbeitsgericht. Ich bin schon seit Jahren dahinter, daß eine Frau als Beisitzerin am Arbeitsgericht ist. Aus eigener Erfahrung weiß ich, wie wichtig das ist. Wir hatten vor sechs Jahren den Streit mit der Firma über die Betriebsratswahlen. Ich war damals als Vorsitzende des Wahlvorstandes die Beklagte von der Firma aus. Wir mußten nämlich die Freistellung der drei Betriebsräte erst auf dem Arbeitsgericht durchsetzen. Da hab ich gesehen, daß dort nur Männer gesessen sind, und mir gedacht: Warum ist hier eigentlich keine Frau, die sich auch mehr in die ganze Problematik einer Frau reindenken kann? Ich hab dann bei unserm Ortsvorstand immer gebohrt, man möchte doch mal eine Frau benennen. Ich war gar nicht so sehr auf mich aus, sondern daß überhaupt einmal eine Frau von uns benannt wird. Wir haben von der IG Druck und Papier acht ehrenamtliche Arbeitsrichter, lauter Männer. Irgendwie hat mir das nicht gepaßt. Dann ist ein Kollege aus dem Beruf ausgeschieden, und dadurch wurde ein Platz als Arbeitsrichter frei. Der Ortsvorstand München hat mich dann vorgeschlagen.

Ich bin richtig glücklich, daß ich als Arbeitsrichterin eingesetzt bin, das ist *sehr* interessant, grad als Frau. Ich seh's ja immer wieder, wenn ich oben sitze: Von allen Fällen sind die Hälfte Frauenprobleme. Die beurteilt man als Frau ganz anders. Das muß man auch einmal feststellen. Zum Beispiel grad Schwangerschaft usw., da kann sich eine Frau viel besser reindenken.

Oder zum Beispiel bei Kündigungen, wenn die Frage steht: Mann oder Frau, wird oft gesagt: Die Frau ist ja Doppelverdienerin, die hat einen Mann, der verdient, und also ist die soziale Notlage nicht gegeben. Wir vom Hauptfrauenausschuß Druck und Papier haben eigentlich eine ganz entgegengesetzte Auffassung: Eine Frau muß für *ihr* Geld, das sie verdient, genauso ihre 40 Stunden in der Woche arbeiten und vielleicht noch mehr als ein Mann. Sie muß flinker sein, sie muß, wenn sie den gleichen Job haben will, nochmal so viel können.

Und mit schwangeren Frauen, das ist ja ein sehr heikles Problem. Meistens sind es kleine Firmen, wo ein Ausfall durch eine Schwangere schon ins Gewicht fällt, das muß man auch sehen. Wir hatten z. B. das letzte oder vorletzte Mal einen Fall, da war eine junge Frau, die hat in einem Verlag gearbeitet und war die Klägerin. Ihr wurde schon zum dritten Mal fristlos gekündigt. Die ersten beiden Male war die fristlose Kündigung abgewehrt worden (einer schwangeren Frau zu kündigen ist gesetzwidrig), und dann hat ihr der Unternehmer das dritte Mal fristlos gekündigt. Die Frau war im Büro beschäftigt als Kontoristin. In der Zwischenzeit hatte er schon eine neue Kraft eingestellt. Das ist ein Betrieb mit zehn Leuten gewesen, eine elfte ist dann schon eine Belastung. Aber's war ja seine Schuld. Er hat der Schwangeren angeboten, sie kann halbtags arbeiten. Sie hat gesagt: Das fällt ihr gar nicht ein, sie hat Anspruch auf ihren Arbeitsplatz. Außerdem verliert sie auch an Mutterschaftsgeld, wenn sie halbtags arbeitet. Natürlich hat sie auch ganz recht. Dann meinte er:

»Na gut, Sie können einen halben Tag im Büro arbeiten und einen halben Tag im Betrieb putzen.« Das war's, was mich noch mehr auf die Palme gebracht hat: eine hochschwangere Frau, und die soll dann einen halben Tag putzen! Wir haben uns zur Beratung zurückgezogen, und ich hab zu dem Richter gesagt: »Sie, also, das schlägt doch dem Faß den Boden aus!« Der sagte: »Ja, Frau H., Sie müssen aber auch bedenken, daß das für einen Betrieb schon eine Belastung ist.« Ich sagte: »Herr Richter, Sie wissen ja wohl, daß das Mutterschutzgesetz unser strengstes Gesetz ist. Wenn es nach dem Arbeitgeber ginge, dann dürfte eine junge Frau überhaupt nicht eingestellt werden, weil die ja immer ein Kind kriegen kann, jede! Und eine Ältere, die kann öfter krank werden, dann müssen wir die Weiblichen ganz weglassen. Also, so kann es ja wohl nicht gehen!« Obwohl der Richter sonst sehr konsequent war, hat er sich da nicht ganz hingetraut und das Verfahren an die andere Kammer verwiesen.

Es ist ja in den Betrieben so, daß Frauen zwar nicht immer benachteiligt werden, aber doch die am meisten Benachteiligten sind. Sie haben weniger Aufstiegsmöglichkeiten, sie sind schlechter bezahlt, oft falsch eingruppiert, haben z. T. auch schlechtere Arbeitsplätze als die Männer. Erst, wenn eine Frau sich was zum Sagen traut und massiv auftritt, wird das vielleicht geändert. Aber meistens sagt man dann: Die ist hysterisch, oder: Die ist überempfindlich.

Wir haben ein Großraumbüro, das Druckereibüro, da sitzen 20 Leute drin, davon fünf Kolleginnen. Und wir haben alle festgestellt, daß das wohl fürs Auge wunderschön ist, so mit Teppichboden, weißen Möbeln, alles herrlich, aber zum Arbeiten saumäßig. Der Lärm ist sehr groß, das Licht z. T. schlecht; mit den Fenstern: wenn man hinten und vorn aufmacht, zieht es wie Hechtsuppe. Wir haben uns schon mehrmals beschwert. Die Kollegen wenden sich natürlich an mich, sie sagen: »Sie sind unser Betriebsrat, also tragen Sie das bei der Geschäftsleitung vor.« Ich hab z. B. den Geschäftsführer der Verwaltung einmal ganz offen angesprochen: »Herr X . . ., sagen Sie mir, wann wird denn da mal was geändert? Die meisten sind schon krank durch den Zug und den Lärm.« Er sagte zu mir: »Frau H., ich glaub, Sie sind besonders empfindlich.« »Also Herr X . . .«, hab ich gesagt, »ich spreche für mich, aber auch für meine Kollegen, die mich beauftragt haben.« Das nimmt der mir gar nicht ab. Er meint, na ja, das ist eine Frau, die ist halt für Zug und Lärm empfindlich, und weiß Gott was noch alles! Das Drama ist, daß sich keiner der Herren mal hineinsetzt, schon gar nicht ein paar Wochen, und das echt selbst durchexerziert.

Die Frauen werden nicht ganz so für voll genommen wie die Männer, das muß man sagen. In meinen 31 Jahren Betriebszugehörigkeit hab ich da wirklich einen Überblick gekriegt. Das war früher so vor 30 Jahren, und das ist heut genau noch so.

Mir ist da mal was ganz Heißes aufgestoßen: Wir hatten einmal eine Besprechung mit unserem Direktor X, der das Personalressort hat. Und nun muß man wissen, unser Angestelltentarif sieht die Unterteilung in K1, K2 und K3 vor. K1, das sind ungelernte, kaufmännische Kräfte, K2, das ist das, wo so der Haufen mitläuft, also Stenotypistinnen, Kontoristinnen und so, mit einfachen Arbeiten, und K3, das ist halt schon ein bissel qualifiziert, mit selbständigen Arbeiten oder mit mindestens einer Fremdsprache. In K4, das sind Hauptbuchhalter, haben wir überhaupt keine Frau, da haben bisher bei uns immer nur Männer gearbeitet.

Wir haben eine Kollegin, die ist Jahrzehnte im Betrieb, und die hatte mir einmal erzählt, daß sie nur eine Mark über dem Tarif hat. Das hat mir gerade so schön reingepaßt. Und das habe ich dem Chef dann auch gesagt. »Ach, Frau H., das gibt's gar nicht, die Frau A. hat mindestens 150 DM über dem Tarif.« Ich sagte, »das stimmt nicht: eine Mark.« Worauf er sagt, »die gehört ja auch nicht in die Gruppe K3, die ist so zwischen K2 und K3.« Aber dann habe ich ihm gesagt, »Sie können sich doch ihre Gruppen nicht einteilen, wie Sie wollen.« »Ja«, sagte er, »wir könnten sie auch in die Gruppe K2 tun, aber wir sind so kulant, wir nehmen sie in die Gruppe K3, und Sie sehen ja selbst, wieviel sie mehr bekommt.« Wir haben eine andere Kollegin, die auch in K3 ist und auch keine Mark über dem Tarif hat. Da möchte ich mal den Mann bei uns im Betrieb sehen, der zum nackten Tarif arbeitet, das gibt es überhaupt nicht!

Ich hab ihn auch noch darauf angesprochen, daß frisch ausgelernte männliche kaufmännische Kräfte sofort über Tarif bekommen, während die weiblichen den nackten Tarif bekommen. »Ja, also, wissen Sie, Frau H., man muß unterscheiden zwischen Mann und Frau.« Ich erwiderte ihm: »Ja, *Sie* reden doch immer von der Leistungsgesellschaft, da dürfte wohl das Geschlecht keine Rolle spielen.« »Doch, bei mir schon«, sagte er, »also wissen Sie, wenn ich weiß, der Mann hat vielleicht eine Frau zu ernähren oder Kinder, dann kriegt der mehr als die Frau.« Na ja, Gott, das wär den ganzen Tag noch so weitergegangen. Er ist nicht bereit, daß Frauen in qualifiziertere Positionen kommen, wenn z. B. ein Posten frei oder ein neuer aufgebaut wird, wie das jetzt kürzlich der Fall war. Man macht erst gar keine Ausschreibung im Betrieb, so geht's schon mal an.

Wir haben auch Probleme mit der neuen Technik. Die neue Technik betrifft in erster Linie unsere Schriftsetzer und Maschinensetzer. Das ist weniger ein Frauenproblem, obwohl wir da natürlich solidarisch mit unseren Kollegen sind. Das Ganze zielt, grob gesagt, darauf ab, daß nicht die Schriftsetzer und Maschinensetzer an diese Bildschirm-Terminals kommen, sondern billige Schreibkräfte, also Frauen, die nicht diesen hohen Tariflohn haben wie unsere Maschinensetzer. Die Terminals kommen ja auch in die Büros. Wir haben in der Buchhaltung Bildschirme stehen und im Druckerbüro ein EDV-Gerät für die Kalkulation. Da spart man Kalkulatoren ein. Mit diesen Bildschirmgeräten im kaufmännischen Bereich, das war eine Sache, die wir von Anfang an ein bißchen verschlafen haben. Der erste kam für die Buchhaltung. Es hat geheißen: der wird einmal zur Probe aufgestellt. Da hätten wir gleich schon den Finger drauf haben müssen. Der zweite kam in die Betriebsabrechnung, dann sind wir natürlich aufgewacht und haben das ganz massiv angesprochen und als eigenen Tagesordnungspunkt auf der Betriebsversammlung vorgetragen. Der Arbeitgeber sagt: »Sie wissen genau, früher hat man einen Bleistift gehabt, dann einen Füllfederhalter und jetzt einen Kugelschreiber. Oder man hat im Kopf gerechnet, dann mit der Drehorgel als Rechenmaschine und jetzt hat man elektronische Rechenmaschinen. Sie könnten da ja auch sagen, das wäre eine neue Technik. Das können Sie aber bei Gott nicht.« So wird das interpretiert.

In der Betriebsversammlung war wirklich festzustellen, daß die Kollegen Angst um ihren Arbeitsplatz haben. Es ist natürlich klar, alles, was von sich aus über Bildschirm geht, geht viel schneller. Wir haben eine Kollegin, die arbeitet jetzt nur noch vier Tage, und eine andere nur noch halbtags, aber das ist schon eine Reduzierung der weiblichen Kräfte. Wenn jetzt natürlich eine Kollegin auf das Geld angewiesen ist, weil sie alleinstehend ist, dann wird es kritisch. Die Kolleginnen, die von sich aus Kurzarbeit machen, die sind verheiratet. Da fällt das noch gar nicht so sehr ins Gewicht, obwohl ich auch dagegen bin. Aber solange Kolleginnen das von sich aus in Kauf nehmen und vielleicht noch sagen, ich bin doch froh, wenn ich nur vier Tage arbeiten muß, kann man auch vom Betriebsrat aus schlecht etwas machen. Daß der Einsatz von Technik in den Büros weitergeht, darüber brauchen wir keine Illusionen zu haben. Das kann in Zukunft noch schlimmer werden: Es werden noch mehr Arbeitskräfte freigesetzt.

Meines Erachtens haben die Kollegen noch nicht erfaßt, was da passiert. Ich war einmal speziell wegen dieser Frage in der Betriebsabrechnung, um die Kolleginnen zu fragen, wie lange sie an den Bildschirmen arbeiten müssen. Ich habe keine negative Einstellung dazu gehört, das muß ich ganz offen sagen. Auch die Kolleginnen sind noch nie zu uns gekommen: Macht da mal etwas, das ist schädlich für uns. Wenn man sie fragt, dann sagten sie jedenfalls damals: »Wir sitzen ja nur so zwischendrin am Bildschirm.« Die Angst um den Arbeitsplatz ist sehr groß. Jeder meint, durch Wohlverhalten erhält er sich seinen Arbeitsplatz. Das ist das Grundübel. Und was wollen Sie gegen Angst am Arbeitsplatz machen? Sie resignieren.

Wobei wir uns im klaren darüber sind, daß die Frage der Kündigungen auch zum Betriebsrat kommen wird. Ich will jetzt den Teufel nicht an die Wand malen. Dann wird es nach der berühmten sozialen Auswahl gehen, die ich sowieso ablehne. Das wird ganz schwierig werden. Ein Unternehmer baut nicht nur Bildschirme auf, damit er sein Geld gut anlegt oder damit die Kollegen eine Arbeitserleichterung haben, sondern der schaut darauf, wie er effektiv Gewinne damit machen kann. Daß die Personalkosten hierbei mit ein Faktor sind, ist ganz klar. Und trotzdem sehen das manche Kollegen und Kolleginnen immer noch nicht.

Ich bin schon fast so eine Institution im Betrieb . . . die Betriebsrätin . . . fast ein bissel abgestempelt. Privat, na ja, wissen Sie, wenn man als Frau jemandem kennenlernt und der erfährt, daß man sich irgendwie engagiert, vielleicht grad gewerkschaftlich, dann schrecken doch viele zurück und sagen: »Na ja, die ist politisch orientiert, die hängt ihre Freizeit in die Gewerkschaft, die hat nicht so viel Zeit für mich.« Das hab ich erlebt. Ich bin manchen Männern zu selbstbewußt.

Einen Vorteil gibt es nicht. Man arbeitet für seine Kollegen und muß von Haus aus irgendwie ein sozial eingestellter Mensch sein, um so was machen zu können. Es macht schon Spaß, wenn man sieht, man kann anderen Menschen helfen.

Wir haben mal einen Fall gehabt, der kommt wahrscheinlich nie mehr vor. Eine Kollegin in der Buchbinderei, eine Arbeiterin, die hatte drei uneheliche Kinder, und ein Zimmer mit 4 qm, also 'ne Kammer. Die kam einmal zu uns, ob wir nicht eine Wohnung wüßten. Ihr Sohn muß auf dem Fußboden Hausarbeiten machen, weil sie nicht einmal einen Tisch stellen kann. Wir haben uns natürlich sofort dafür interessiert und diese Kammer angeschaut. Das war einfach menschenunwürdig. Wir haben's tatsächlich geschafft, daß die Frau von der Neuen Heimat eine Wohnung bekommen hat. Nun, sie war natürlich ein bissel ein asozialer Typ, das ist sie vielleicht auch heut noch, aber das hat uns damals gar nicht berührt. Wir wollten der Kollegin einfach helfen, auch schon wegen der Kinder. Wir haben dann geschaut, daß wir für sie von allen möglichen Leuten Möbel bekommen haben, sie hatte ja auch keinen Pfennig Geld. Die eine hat gesagt: »Na, ich kauf mir sowieso eine neue Küche, dann könnt sie die meine haben«, und die andere: »Na, ja, mein Schwiegervater geht ins Altersheim, ihr könnt die Möbel haben.« Wir haben das voll organisiert und sogar ihre Wohnung möbliert. Allerdings haben wir uns von anderen Kollegen den Vorwurf gefallen lassen müssen: Was ihr macht, gehört überhaupt nimmer zu eurem Betriebsratsbereich. Aber das sind halt so Sachen, wo man sich persönlich engagiert. Wir haben uns wahnsinnig darüber gefreut, daß das damals geklappt hat. Das sind halt die kleinen Freuden eines Betriebsrates, wenn man jemandem helfen kann.

Was mir Mühe macht bei meiner Arbeit, ist frei reden. Reden ist ja nun eine Gottesgabe – wie man so schön sagt –, der eine kann's von Haus aus, der andre muß sich's anlernen. Wenn ich mich jetzt mit Kolleginnen vergleiche, die bei der DKP organisiert sind, dann muß ich sagen, übertreffen die mich bei weitem im frei Sprechen. Weil die einfach viel mehr geschult sind, vielleicht ist das auch ein Ziel der DKP, die Frauen und ihre Mitglieder im Sprechen auszubilden. Was natürlich die praktische Arbeit anbetrifft, das ist wieder ein ganz andrer Punkt. Ob die da auch so gut sind, das weiß ich nicht.

Wenn ich andre reden hör, speziell meine norddeutschen Kolleginnen, die sind wirklich auf Draht. Vielleicht empfinden wir aber das als Bayern auch nur so. Das soll jetzt nicht abwertend sein. Vielleicht liegt ihnen das Sprechen einfach mehr wie uns Bayern. Und vielleicht sind wir auch mehr für praktische Arbeit.

Wenn ich z. B., wie am Wochenend, so eine Arbeitstagung habe, muß ich mir vorher alles genau aufschreiben. Ich könnt nicht so frei von der Leber weg über ein paar Stunden eine Sitzung leiten. Ich überleg mir immer, ist das richtig, was du jetzt sagst, ich will auch keinen Schmarrn erzählen, was ich sag, muß Hand und Fuß haben. Deshalb mach ich mir lieber ein Konzept. Und das sehr ausführlich, das bedeutet wieder: mehr Arbeit. Aber so rein von der praktischen Arbeit her, da würd ich mich hinter niemand zurückstellen. Hinter niemand! Da hab ich auch keine Minderwertigkeitskomplexe.

Frauen, die nur am Arbeitsplatz sitzen, haben ihre Familien, ihre Hausarbeit, vielleicht noch Hobbies, aber nicht in politischer Richtung, sondern mehr in Richtung Sport und Freizeitgestaltung. Während wir, die Kolleginnen in der Gewerkschaft, unsere Schulungen, unsre Seminare haben, wir machen auch Bildungsreisen, wie z. B. jetzt im vergangnen Jahr in die Sowjetunion. Das weitet natürlich den Horizont, das ist ganz klar. Wir waren von der Prawda eingeladen, acht Kollegen und zwei Kolleginnen. Das hab ich schon sehr gut gefunden. Wir waren auch schon zweimal in der DDR drüben, haben uns da das Karl-Marx-Werk, früher Vogel-Verlag, angeschaut und auch natürlich politisch diskutiert.

Zwischen den Ostblockstaaten, der DDR sowohl wie der Sowjetunion, und der Bundesrepublik und auch den meisten westeuropäischen Staaten ist ein wahnsinniger Unterschied. In der Sowjetunion, z. B. in der Prawda, haben sie einige Direktorinnen – was es bei uns ja überhaupt nicht gibt – dann Ingenieurinnen massenhaft – die's bei uns auch nicht gibt. Im Betriebsrat sowohl in der DDR wie in der Sowjetunion sind ca. die Hälfte Frauen. Und die trumpfen sehr auf, das haben wir in der DDR z. B. auch erlebt; eine junge Betriebsratskollegin hat einen Geschäftsführer, glaub ich, vor versammelter Mannschaft runtergeputzt, der hat sich überhaupt nix mehr sagen trauen. Die Frauen haben fast ein arrogantes Auftreten da drüben, so empfinden wir das. Die hauen auf den Putz, das ist sagenhaft. Sie haben aber auch jede Unterstützung, diese Mädchen und Frauen, sowohl in der DDR wie auch in der Sowjetunion. Natürlich haben wir auch Nachteile in der Sowjetunion bemerkt. Wir haben in der Prawda Frauen gesehen, die haben Lasten geschleppt, das würd bei uns aufgrund unserer Schutzgesetze für Frauen überhaupt nicht vorkommen. Die ziehen Auflagen aus den Maschinen, das machen bei uns Männer. Frauen schnüren Pakete, schwere Pakete: diese

Lasten wären bei uns verboten. »Natürlich, im Zuge der Gleichberechtigung«, sagen die, »muß das eine Frau genauso machen wie ein Mann. Eine Frau kann ja nicht in der Gleichberechtigung nur das Gute für sich rausholen.« Das finden wir auch nicht ganz richtig. Die Schutzbestimmungen sind z. T. besser drüben, aber sie verlangen der Frau in der Arbeit das gleiche ab wie dem Mann.

Wir hatten vor drei Jahren in Springen – das ist unser Bildungsheim bei Frankfurt – zum Internationalen Jahr der Frau eine große Veranstaltung mit Kolleginnen aus 16 europäischen Ländern. Es waren Kolleginnen aus Ost und West da. Man konnte wirklich feststellen, daß die Kolleginnen aus den Ostblockländern, einschließlich Finnland, wesentlich mehr Rechte haben als wir in der Bundesrepublik. Auch in Österreich z. B. sind die Schutzgesetze für die Frau weiter ausgebaut als bei uns. Grad im Mutterschutz haben sie viel längere Fristen und auch das Babyjahr ist in den Ostblockländern obligatorisch. Die Kindergärten sind nicht so ausreichend da, wie sie sie haben wollen, das muß man auch sehen, aber es gibt mehr als bei uns. Die Frauen haben echt für sich mehr Zeit, und dadurch, daß ihnen die Kinderarbeit zum großen Teil abgenommen wird, können sie sich auch politisch weiterbilden. Natürlich steht dort auch ein Druck dahinter, da sind wir uns ganz klar. Wenn z. B. bei der Prawda ein politischer Abend angesetzt wird, müssen sie kommen, ob sie wollen oder nicht. Oder wenn sie im Betrieb mal eine Diskussion führen wollen, dann gibt's da einen Extraraum und alles muß halt kommen. Und wer nicht kommt, der steht schon ein bissel auf der Abschußliste. Den Druck wollen wir nicht, bei uns soll das aus freien Stücken kommen, eine Mitarbeit aus Überzeugung. Aber es ist natürlich schon interessant, wenn man so Systeme vergleichen kann mit dem unseren. Bei uns ist nicht alles Gold, was glänzt, und bei denen auch nicht. Daß alles besser sein könnte, das wissen wir, aber das liegt nicht nur an uns, wir haben ja auch einen Tarifpartner. Und der hat's Geld.

Absahnen tun dann die Herren der Schöpfung

Ich bin seit April dieses Jahres zum ersten Mal im Betriebsrat einer großen Münchner Firma. Ich bin im Betriebsausschuß und im Ausschuß für Fragen der Gestaltung der Arbeitsumwelt, hier stellvertretende Vorsitzende. Unser Betriebsrat besteht aus 23 Mitgliedern, davon sind drei Arbeiter und 20 Angestellte. Das allein zeigt schon das Verhältnis von Angestellten zu Arbeitern bei uns im Betrieb. Dieser Standort ist ein reiner Angestelltenbetrieb, dementsprechend ist auch die Problematik. Die Angestellten sind zum großen Teil sehr passiv und nur schlecht für irgendetwas zu interessieren, geschweige denn zu begeistern. Das sind die Voraussetzungen für unsere Betriebsratsarbeit. Dazu kommt, daß nur sehr wenige von uns in der IG Metall organisiert sind. Der Großteil setzt sich aus Unabhängigen und AIN-lern (Arbeitskreis der Ingenieure und Naturwissenschaftler in der Industrie) zusammen. Diese Struktur des Betriebsrats wirkt sich natürlich auch auf die Ausschußarbeit aus.

Der Betriebsausschuß ist der wichtigste Ausschuß. Er führt die laufenden Geschäfte des Betriebsrates, verhandelt mit der Firmenleitung, bereitet die Betriebsratssitzungen vor und muß über alle Vorgänge im Betriebsrat Bescheid wissen. Entscheidungen treffen und Beschlüsse fassen kann aber nur das gesamte Betriebsratsgremium. In diesem Betriebsausschuß bin ich die einzige Frau, und noch dazu die jüngste, von daher war schon meine Startposition schwierig. Wenn ich irgendwelche konkreten Vorschläge bringe, muß ich damit rechnen, daß sie von vornherein abgelehnt oder zumindest genauer als gewöhnlich unter die Lupe genommen werden, weil ich eine Frau, die Jüngste und noch dazu Mitglied der IG Metall bin. An und für sich bekomme ich es weniger direkt zu spüren, aber zwischen den Zeilen hört man das so raus: »Ach, heut bist ja fesch angezogen . . .«

Sabine W.
25 Jahre
Elektroassistentin

Mitglied der IG Metall
Betriebsrätin

Forschungs- und Entwicklungsbetrieb
ca. 3400 Beschäftigte

Ich hab mich schon lange, bevor ich gewählt wurde, auf die Betriebsratsarbeit vorbereitet. Mein Spezialgebiet ist die Rationalisierung im Angestelltenbereich. Wir wissen in Gewerkschaftskreisen ja, daß auf diesem Gebiet jetzt einiges auf uns zukommt. Im Arbeiterbereich hat man schon so gut wie alles rationalisiert. Und jetzt fängt man im Angestelltenbereich an, ganz scharf zu rationalisieren.

Dort, wo ich arbeite, entwickeln und entwerfen die Angestellten selbst solche Rationalisierungssysteme. Sie meinen allerdings, wenn man das selber macht, trifft es einen nicht so bald. Dabei ist es in den meisten Fällen genau umgekehrt.

In diesem Betrieb wird nur Forschung und Entwicklung gemacht, es ist ein Pilotbetrieb für sämtliche Rationalisierungssysteme, die eingeführt werden sollen. Man nennt sie auch computergestützte Personalinformationssysteme. Das ist schwierig zu erklären. Ein computergestütztes Personalinformationssystem ist vielleicht folgendes: Die Firmenleitung versucht die ganzen Personaldaten eines Mitarbeiters zu erfassen, z. B. Krankheit, Ausfallzeiten, Anwesenheitszeiten am Arbeitsplatz, natürlich auch persönliche Daten: verheiratet, ledig, wieviele Kinder, die verschiedenen Versicherungsnummern, Telefonnummer, Autokennzeichen, Wohnort usw. usw. Bis zu 900 Daten pro Person können in so einem System abgespeichert werden. Natürlich wird auch die Leistung kontrolliert, das Verhalten am Arbeitsplatz überwacht. Also alles Erfaßbare und Aufschreibbare wird registriert, über dieses Personalinformationssystem sortiert und dann im Computer abgespeichert. Die Personalabteilungen haben die Möglichkeit, jederzeit alle Details abzurufen; nicht nur Daten einzelner Mitarbeiter, sondern z. B. auch den Durchschnitt der Leistungszulagen oder der Ausfallzeiten in einer Abteilung. So erhält der Unternehmer eine ganz genau überschaubare Anzahl von Daten aus dem Computer, wonach er versucht, seine Mitarbeiterstruktur auszurichten.

So ein System ist sehr gefährlich. Wenn es zu irgendwelchen Kündigungen oder zu Änderungskündigungen kommen soll, dann schaut der bloß in seine Dateien und kann die seiner Meinung nach notwendigen Konsequenzen daraus ziehen.

Natürlich wirken sich solche Maßnahmen stark auf den Arbeitsplatz aus, weil sie unmittelbare Leistungsmesser sind. Es kann z. B. abgespeichert werden, wieviel der einzelne Mitarbeiter leistet, wenn er an irgendeinem Projekt arbeitet. Der eine hat 60% seiner Zeit an dem Projekt gearbeitet und den Rest der Zeit für andere Tätigkeiten verwendet – man nennt das persönliche Verteilzeiten –, der andere dagegen hat z. B. bloß 40% am Projekt gearbeitet und 60% persönliche Verteilzeit gehabt. Natürlich heißt's dann, letzterer kann noch nicht so bald in eine höhere Gehaltsgruppe, oder: er hat zuviel persönliche Verteilzeit, wo kommt denn das her? So schürt man den Konkurrenzkampf unter den Kollegen, und es entsteht überhaupt kein solidarisches Bewußtsein und Handeln mehr, sondern ein Entsolidarisierungsprozeß.

Ich hab die Schwierigkeit, den Kollegen klarzumachen, was das überhaupt bedeutet: absolute Überwachung, Kontrolle und beliebige Einsetzbarkeit. Sie selber sehen es nicht, wollen es vielleicht auch nicht sehen, weil sie an diesen Projekten arbeiten. Sie sagen zum Großteil: »Ich hab das System entworfen, und ich weiß ganz genau, was da drinnen steckt . . . Mein Arbeitsplatz ist gesichert, denn dieses Projekt läuft noch lange . . .« Sie meinen auch, daß das System absolut gerecht ist, weil man die Leistung von jedem genau messen kann. Wenn jemand eine »Pflaume« ist, dann muß er eben die Konsequenzen ziehen. Sie fragen überhaupt nicht nach den Gründen, warum er eine »Pflaume« sein könnte, oder ob er überhaupt eine ist. Legt das der Computer fest? Oder wer legt das fest? Es ist eine Art Betriebsblindheit, und es spielt sich alles auf einer Ebene ab, die nicht sehr gewerkschaftlich orientiert ist, sondern von Konkurrenz unter den Kollegen bestimmt ist. – Bei uns sind von 3400 Beschäftigten nur 160 in der IG Metall, das ist ein Prozentsatz von ca. 4,5 – im Prinzip katastrophal.

Der Betriebsrat hat bei diesem Personalerfassungssystem Schwierigkeiten, überhaupt an die Unterlagen heranzukommen. Wir erfahren vieles bloß per Zufall, z. T. auch weil unsere Leute, die Betriebsräte, selber daran arbeiten. Oft wissen wir nicht, was da läuft, weil in den einzelnen Abteilungen jeder vor sich hin arbeitet. Was kann der Betriebsrat machen, wenn so ein System eingeführt wird? So ein Personalerfassungssystem fällt in den Mitbestimmungsbereich des Betriebsrats. Vor einiger Zeit haben wir mal offiziell die Mitteilung bekommen, daß in einer bestimmten Abteilung ein Datenerfassungssystem eingeführt werden soll. Der Betriebsrat hat dies abgelehnt, denn es ist ein System, das zur Leistungs- und Verhaltenskontrolle der Mitarbeiter gedacht ist, und da sagen wir: Nein! Es werden Zeiten erfaßt, mit denen wir nicht einverstanden sein können. Sie haben zu große Nachteile für die Mitarbeiter und zu viele Vorteile für den Unternehmer. Jetzt ist die Betriebsleitung natürlich sauer auf den Betriebsrat, weil viel Geld in dieses Projekt reingesteckt wurde, und sie sehen jetzt ihre Felle wegschwimmen.

Hier konnten wir das Mitbestimmungsrecht mal voll anwenden. Im Moment sieht's so aus, daß dieses Personaldatensystem entweder so geändert werden muß, daß der Betriebsrat zustimmen kann, oder es wird überhaupt nicht eingeführt. So ist es jetzt bei diesem System gelaufen. Ein anderes dagegen kann bundesweit eingeführt werden, weil der Gesamtbetriebsrat zugestimmt hat, und deshalb können wir als örtlicher Betriebsrat nichts dagegen machen. Ich muß sagen, dieses System ist am gefährlichsten. Deine 900 Daten werden genau katalogisiert und abgespeichert. – Stell dir das mal vor . . . versuch mal, von dir 900 Daten zusammenzuschreiben! Ob du überhaupt so viele zusammenbekommst? Der Unternehmer schafft das lässig. – Das hat weitreichende Konsequenzen. Es bedeutet ganz konkret Personalabbau, weil man dann z. B. die ganze Gehalts- und Lohnabrechnung über Computer laufen lassen kann. Die Leute, die sonst Lohn- und Gehaltsabrechnung per Hand gemacht haben, werden eingespart, die Datentypistinnen werden eingespart, denn die Daten pro Mitarbeiter müssen bloß noch ein Mal eingetippt werden, und dann stehen sie fest im Speicher. Der Personalchef persönlich kann sich an den Bildschirm setzen und den Computer befragen.

Mit den Daten kann die Firma mehr machen, als man glaubt. Es gibt zwar so ein ominöses Datenschutzgesetz, das ist aber auch nicht das Gelbe vom Ei und nicht in unserem Interesse. Wer selber in der Datenverarbeitung arbeitet, weiß ganz genau, was man für Möglichkeiten hat, Daten sonstwohin zu transportieren oder abzugeben: z. B. an Einwohnermeldeämter, Finanzämter, Verfassungsschutz und sonstige Behörden, die können im Bedarfsfall schnell Kontakt zu deinen persönlichen Daten schaffen. Wenn dann irgendwann für einen Mitarbeiter fünf vor zwölf, d. h. kurz vor Ablauf der Probezeit, die Kündigung auf den Tisch flattert, weil sie in der Zwischenzeit ihre Überprüfungen über den Betroffenen beendet haben, dann kann man vermuten, daß IVIP (= Integriertes Verarbeitungs- und Informationssystem für Personaldaten) wieder zugeschlagen hat.

Ich arbeite also in der Datenverarbeitung; hab Elektroassistentin gelernt, vor drei Jahren ausgelernt und bin hier in dieser Firma ausgebildet worden. Die Ausbildung hat zwei Jahre gedauert.

Das Bezeichnende dabei ist, daß es Assistent*in* heißt, d. h. es gibt überhaupt keine Männer, die so einen Beruf ergreifen. Es ist eine Art elektrotechnische Hilfselite im Labor – so bezeichne ich das jetzt. Die Elektroassistentinnen werden für verschiedene Bereiche ausgebildet. Wenn man ausgelernt hat, kommt man in ein Labor und wird dann noch einmal neu eingearbeitet, weil man von dem, was man in der Ausbildung gelernt hat, nur wenig im Labor verwerten kann. Die einzelnen Labors sind auf bestimmte Fachgebiete spezialisiert. Ich bin eingestellt worden mit der Gehaltsgruppe III, das ist sehr wenig, damals 1450 DM brutto, inklusive Leistungszulage, also ungefähr 950 DM netto. Inzwischen verdiene ich 1950 DM brutto, knapp 1300 DM netto mit Leistungszulage und allem.

Meine Tätigkeit ist im Prinzip recht interessant, bloß hat sie den Nachteil, daß ich aufgrund meiner Stellung als Assistentin immer auf einen Ingenieur angewiesen bin, der mir die Arbeit zuteilt. Ich bin mehr so eine Dienstleistende, kann also nicht sagen: »Ich möcht mich mal hinsetzen und dieses und jenes selber machen«, sondern ich muß warten, bis der mir seine Papiere und Unterlagen bringt und sagt: »Jetzt können Sie anfangen zu arbeiten.« Ich versuche dann, das so recht und schlecht durchzuziehen, wobei eigentlich nicht meine fachliche Qualifikation gefragt ist, sondern bloß die Schnelligkeit, notfalls mit Überstunden und allem möglichen. Und da ich im Betriebsrat bin, sagt man natürlich: »Schwierig! . . . die Terminarbeiten, das geht nur mit Überstunden.« In letzter Zeit ist es mir öfter passiert, daß ich wegen Betriebsratsarbeit Überstunden machen mußte. Sie haben mich schlichtweg erpreßt und es zudem mit dem Argument verbrämt, daß ich mich durch die Tätigkeit, die man mir gegeben hat, beruflich weiterqualifizieren könnte. Inzwischen hat sich aber herausgestellt, daß das keine große Weiterqualifikation ist. Man kriegt hin und wieder mal so eine Art Lob, daß man das doch recht schnell durchgezogen hat, aber Aufstiegsmöglichkeiten sind so gut wie Null, schon vom Berufsbild her. Irgendwann rücke ich zwar eine Gehaltsgruppe höher, aber in der Firmenhierarchie ein Stüfchen höher zu kommen, das ist nicht drin.

Es gibt wenig Kolleginnen, die das ihr Leben lang machen. Die meisten, die ich kenne, machen das 5, 6, 7 Jahre lang, dann heiratet ein großer Teil und geht überhaupt nicht mehr in die Arbeit. Ein Teil geht weiter auf die Schule und studiert dann, meistens Elektrotechnik, also im gleichen Bereich. Aus meiner Klasse sind von dreißig fünf weiter auf die Fachoberschule und Fachhochschule gegangen und studieren jetzt Elektrotechnik, immerhin fünf von dreißig Frauen!

Ich studiere nicht, weil mir das Theoretische nicht so liegt, mir liegt die praktische Arbeit viel mehr. Ich finde es im Moment auch sinnvoller, meine Betriebsratstätigkeit zu intensivieren und auszubauen. Ich versuche, auf diesem Gebiet etwas zu erreichen und durchzusetzen. Ich will mich parallel dazu zwar qualifizieren, aber die Betriebsratstätigkeit geht für mich vor. Auch wenn ich davon ausgehen muß, daß ich mein Leben lang arbeiten muß. Aber darüber habe ich mir noch wenig Gedanken gemacht, weil es ein düsteres Kapitel ist. Ich kann mich beruflich nur weiterqualifizieren, wenn ich Fachabitur oder Abitur mache und dann studiere. Eine andere Qualifikation gibt es nicht, jedenfalls nicht in der Firma. Außerdem ist es ja so, daß ich mich mit meinem Beruf »Elektroassistentin« schlecht irgendwo anders bewerben kann. Ich hab's mal probiert, aber dann heißt's: »Es tut uns leid, wir kennen den Beruf überhaupt nicht, das scheint wohl ein spezieller Beruf dieser Firma zu sein.«

Die Berufsausbildung ist zwar staatlich genehmigt, aber nicht staatlich anerkannt, das ist der Unterschied. Die Elektroassistentin hat kein staatlich anerkanntes Berufsbild, ist weder bei der Industrie- und Handelskammer noch beim bayerischen Staat anerkannt. Sie gibt es nur in dieser Firma. Die haben das ganz schlau eingefädelt. Elektroassistentin ist eine billige Hilfskraft. Die muß einerseits beruflich was leisten und die Herren Ingenieure gegebenenfalls auf ihre Fehler aufmerksam machen und sagen: »So geht das nicht.« Andererseits bist du aber auch gut genug, Tuschezeichnungen (technische Zeichnungen, Schaltpläne, Kurven etc.) nachzuzeichnen, Kaffee zu kochen, Blumen zu gießen und Schreibarbeiten zu machen. Ich mach das nicht, weil ich schlichtweg keine Zeit dazu hab, denn im Betriebsrat gibt's immer wichtigere Dinge zu tun. Ich mach bloß die Arbeit, die zu einem Projekt gehört. Ich koch keinen Kaffee und gieße keine Blumen und mache auch keine Reisekostenabrechnungen für die anderen. Aber die anderen Kolleginnen müssen das zum Großteil machen. Über solche typischen »Frauentätigkeiten« reden wir manchmal, meine Kollegin packt es aber nicht, zu sagen: »Jetzt mach ich's nimmer, kocht euren Kaffee selber, zeichnet eure Kurven selber.« Sie meint, ihre Leistungsbeurteilung wird das nächste Mal besser. Und der Chef registriert das auch. Es ist schon passiert, daß sie eine bessere Leistungsbeurteilung bekommen hat. »Verhalten gegenüber den Mitarbeitern« wird dann besonders positiv bewertet, was aber im Endeffekt überhaupt nichts heißt.

Bei mir im Labor wechseln wir uns ab mit Kaffeekochen. Aber ich fühl mich überfordert, auf die anderen Labors irgendwie einzuwirken. Das müssen die selber durchziehen. Es wäre schon zu ändern, natürlich, solange es sich um Kaffeekochen und ähnliche Banalitäten handelt. Aber wenn es um inhaltliche Sachen, z. B. Fachgebietssachen geht, haben Elektroassistentinnen nichts mitzureden. Heute ist mir so ein Ding passiert: Da ist ein Schaltkreis fertig geworden, den hab zum großen Teil ich gemacht. Er war wirklich kompliziert, totales Neuland, und mit 'zig Überstunden fertig geworden. Sogar Einsatz während der Betriebsratswahl. Heute durften wir das Ding besichtigen – es dauert ja einige Zeit, bis die einzelnen Schritte montiert sind und am Schluß der Chip fertig herauskommt. Mein Kollege bekommt einen Anruf: »Der Schaltkreis ist fertig geworden, schauen Sie sich doch mal an, was Sie gemacht haben. Das ist super.« Der ist sofort heruntergerannt und hat sich den Chip angeschaut. Ich dachte: schön und gut. Wer hat denn das Ding gemacht? Gnädigst hat er mich dann noch dazugerufen. Die Chefs haben einen Schnaps ausgegeben; ich war gerade im Betriebsrat, weil wir Sitzung hatten. Ja, es wird gefeiert, wenn diejenigen, die's gemacht haben, nicht dabei sind. Das ist mir schon zwei Mal passiert. Da werd ich immer stinksauer: Sie wissen genau, wer die Überstunden gemacht und das Ding fabriziert hat. Aber absahnen tun dann die Herren der Schöpfung, weil sie meinen, sie hätten die Idee geliefert. Andererseits wird uns Assistentinnen überhaupt nicht die Möglichkeit gegeben, Ideen zu entwickeln. Wir werden mit dem ganzen sekundären Material zugedeckt. Ich habe auch mal Ideen, schon aufgrund meiner Berufserfahrung. Jetzt bin ich seit drei Jahren im Labor, und langsam macht man sich auch seine Gedanken, wie könnte dies oder jenes gemacht werden. Aber zum Zug kommt man überhaupt nicht. Ideenfindung nennen sie das bei uns. Sie ist bloß für eine ganz spezielle Schicht von Leuten da. Ich hab das schon mal probiert und bin zum Chef gegangen. Die Antwort war: »Solange Sie im Labor so überlastet sind, können wir das nicht machen. Sie müssen die Tätigkeit machen, die Sie im Moment besonders gut können.«

Wie ich auf diesen Beruf gekommen bin? Zuerst hab ich einen anderen Beruf gelernt: Berufsaufbauschule mit sozialem Zweig, also Zweiten Bildungsweg gemacht und dann Kinderpflegerin gelernt. Nach der Ausbildung als Kinderpflegerin wollt ich eigentlich im sozialen Bereich bleiben, eine Krankengymnastinnen- oder Beschäftigungstherapeutinnenausbildung machen. Aber damals waren schon die Wartezeiten bis zu sechs oder sieben Jahren; das war mir einfach zu lang. Erst hab ich ein Jahr lang als Kinderpflegerin bei körperlich und geistig Behinderten gearbeitet und gedacht, vielleicht bekomm ich in einem Jahr doch schneller was. Das hat aber auch nichts genützt. Der Beruf Kinderpflegerin hat mich überhaupt nicht befriedigt. Dann hab ich mir überlegt, was mach ich? Und hab mir mein Zeugnis mal angeschaut: Mathe eins, Physik zwei. Ich dacht mir, vielleicht bin ich doch nicht ganz so blöd und mach irgendeinen technischen Beruf. Da bin ich zum Arbeitsamt und wollte mich beraten lassen. Ich wurde gleich für Technik getestet und war hundertprozentig geeignet. Was »technisch geeignet« ist, weiß ich heut noch nicht. Sie haben einen Test für sozial, einen für technisch und einen für kaufmännisch geeignet. Aber sie legen dir nur den Test vor, den du eigentlich haben willst. Sie testen dich nicht in allen dreien. Wenn du dich für Technik interessierst, dann bist du sicher geeignet. Das ist klar.

Mit mittlerer Reife gibt es bloß eine begrenzte Anzahl von Möglichkeiten. Damals war ich auch schon über 18, für die meisten technischen Berufe muß man unter 18 sein. Na ja, dann kam halt Elektroassistentin in Frage. Ich hab mich beworben, und sie haben mich auf Anhieb hier in München genommen. Ich war ziemlich froh. Damals wußt ich überhaupt nicht, was das für ein Beruf ist und mit welchen Konsequenzen. Beim Arbeitsamt wurde mir nicht gesagt, daß es nur so ein Firmenberuf ist. Sie wußten es wohl selber auch nicht. In dem Prospekt steht das natürlich nicht drin. Da steht »staatlich genehmigt«. Damals war ich noch nicht hellhörig und hab auch nicht nachgedacht. Wenn irgendetwas staatlich genehmigt ist, wird's schon gut sein. Die Ausbildung ist ziemlich firmenbezogen, insbesondere die ganze Datenverarbeitung, und das ist ein wesentlicher Teil. Wenn du die Prüfung nicht schaffst, kannst du sie nicht wiederholen, nur in besonderen Ausnahmefällen. Sie haben eine ganz eigen zusammengestrickte Schulordnung. Das Kultusministerium bekommt sie nur zur Kenntnis und nicht zur Unterschrift. Es gibt auch keinen Prüfungsausschuß, wo jemand vom Kultusministerium oder sonst ein offizieller Mensch drin sitzt, sondern Laborleiter, die vielleicht gute Führungsqualitäten gegenüber ihren Mitarbeitern haben. Fast alle Lehrer sind ehemalige Laborleiter, Leute aus der Praxis, von denen man meint, die könnten ganz gut erklären. Ein didaktisches und methodisches Konzept gibt es nicht.

Prinzipiell meine ich, daß jede Frau für einen technischen Beruf geeignet ist, genauso wie ich per Zufall dazu gekommen bin, könnte es jeder anderen auch passieren. Es ist ein Vorurteil, daß man sagt, Frauen sind für Technik nicht geeignet. Meine Erfahrung jetzt in der Firma ist, daß die Frauen in den unteren Gehalts- und Lohngruppen sind – gut, ein paar vereinzelte in den oberen und außertariflichen Bereichen. Diese Frauen haben Mathe oder Informatik studiert. Aber wirklich nur vereinzelt und speziell in diesem Betrieb, weil es eine Forschungs- und Entwicklungsabteilung ist und weil's bloß Angestellte sind und überhaupt keine Produktion da ist. Ich kenn aber keine einzige Frau, die Laborleiterin oder Geschäftsbevollmächtigte oder sowas ist, keine einzige.

Als ich meine Ausbildung als Elektroassistentin angefangen habe, bin ich gleich in die Gewerkschaft eingetreten. Jetzt erinnere ich mich auch, wie das war. Ich kam rein in ein Riesengebäude, 23 000 Beschäftigte da draußen. Da kommst du dir als kleines Würmchen recht verlassen vor. Mich hat das sehr beeindruckt, die Massen von Leuten, und ich dachte mir, irgendeine Form von Organisation muß doch vorhanden sein. Oder was mach ich, wenn die Firma was von mir will, dem ich nicht zustimmen kann? Man muß sich irgendwie dagegen organisieren, und das war dann die Gewerkschaft. Wir hatten eine betriebliche Jugendgruppe, da bin ich immer hingegangen. Ursprünglich war ich neu in München und hab niemanden gekannt. Ein halbes Jahr später waren Jugendvertreterwahlen, und ich bin gleich als Jugendvertreterin gewählt worden.

Am Anfang hab ich mehr zugehört, man merkt aber auch am eigenen Leib, was für Probleme in der Ausbildung auftauchen. So hat sich die Konsequenz ergeben, daß man was tun muß, wenn man den Zustand verbessern will. Ich bin voll mit eingestiegen. Hab in der Zeit, als ich noch in der Ausbildung war, hauptsächlich die Probleme von den Elektroassistentinnen in der Ausbildung behandelt, hab mich selber ein bißchen weitergebildet und Schulungen gemacht. Nach zwei Jahren bin ich wieder zur Jugendvertreterin gewählt worden und auch in die Gesamtjugendvertretung gekommen. Dort war es natürlich ein bißchen happiger: mehr Arbeit, und man mußte einen Überblick über die gesamten Ausbildungsprobleme haben. Ich hab viel mit den Kollegen aus dem Betriebsrat geredet, bin immer hingerannt und hab die Probleme auch mit der Gewerkschaft und unserem Jugendsekretär durchgesprochen. Es gibt ja eigene Leute, die die Gesamtjugendvertretung betreuen. Die Gesamtjugendvertretung wäre noch zu bewältigen gewesen. Ich bin aber auch in den Besprechungsausschuß der Gesamtjugendvertretung gewählt worden, d. h. in das geschäftsführende Gremium, das ständig mit der Firmenleitung auf oberster Ebene verhandeln muß und auch an Gesamtbetriebsratssitzungen teilnimmt.

Dort im Gesamtbetriebsrat waren wir von 60 Mitgliedern zwei Frauen. Und beide waren wir von der Gesamtjugendvertretung, also keine Frau direkt im Gesamtbetriebsrat. Es war eine ziemlich harte Zeit, auch weil ich ständig unterwegs war. Jede Ausschußsitzung und jede Gesamtbetriebsratssitzung ist immer woanders, mal in Karlsruhe, mal in Berlin. So war ich ständig auf Achse. Meine Lehre hatte ich damals allerdings schon abgeschlossen, sonst hätte ich sie wahrscheinlich nicht geschafft.

Wenn ich öffentlich auftreten mußte, war mir schon ein bißchen bange, weil meine Position auch noch nicht so gefestigt war und ich noch nicht so recht wußte, wo es eigentlich lang geht. Es hat mich vor allem sehr aufgeregt, wenn ich in der Jugendversammlung was sagen sollte. Andererseits aber auch nicht so sehr, weil wir alles in der Jugendgruppe sehr gut vorbereitet und unsere Texte zurechtgelegt haben. Das hat mir sehr viel geholfen, weil ich genau gewußt habe, das ist abgesichert und es kann nicht passieren, daß einen die Kollegen da vorne auspfeifen. Und nach den ersten paar Jugendversammlungen bin ich schon raus und hab frei was gesagt, auch weil ich inhaltlich einfach sicherer war.

Was mir als Frau sehr gestunken hat oder mich unbefriedigt gelassen hat, war die Aufstellung der Kandidaten zur Betriebsratswahl. Im Vertrauensleutekörper hat man die Listen aufgestellt. Es gab bei uns Listenwahl, keine Persönlichkeitswahl, und da wird ja gerangelt um die Platzverteilung, vor allem bei den vorderen Plätzen. Jede Gruppe macht sich ihre Gedanken. Die Rechten haben gesagt: »An den vierten Platz kommt mal eine Frau«, weil man die wohl schlecht auf den zwölften Platz setzen kann. Die Fortschrittlicheren, zu denen ich mich auch zähle, haben gesagt: »Eine Frau am besten als Listenführerin oder mindestens auf den zweiten Platz.« Das Schlimme an dieser Diskussion – jetzt unter uns Fortschrittlicheren – war eigentlich, daß man bloß gesagt hat, »eine Frau« auf dem ersten oder zweiten Platz. Man hat nicht nach ihren Qualifikationen und auch nicht danach gefragt, was sie für Vorstellungen hat und was sie gewerkschaftlich macht. So, wie man jeden Mann, der auf einen bestimmten Listenplatz soll, befragt. Er muß einfach bestimmte Sachen aufweisen. Ich bin damals auf den zweiten Platz gekommen; es hat eine lange Diskussion gegeben, ein älterer Kollege hat auch gegen mich kandidiert. Ich hab zwar stimmenmäßig gewonnen, aber bei der ganzen Diskussion war mir nicht sehr wohl – so als Aushängeschild: »eine Frau da vorn«.

Ich hab mich so quasi mit meinen Kindern emanzipiert

Sieglinde R.
47 Jahre, 2 Kinder
kein Beruf, Akkordarbeiterin

Mitglied der IG Metall
Stellvertretende Betriebsratsvorsitzende, freigestellt

Druckgießerei
ca. 340 Beschäftigte

Mit 19 hab ich geheiratet. Ich hab eigentlich gar nicht versucht, in einen Beruf reinzukommen, weil mir meine Eltern und auch mein Mann immer vorgehalten haben, ich wär schwerbehindert: Ich seh nicht gut. Als Kind hatte ich mal eine infektiöse Hornhautentzündung, die nicht ausgeheilt ist, und durch die starken Hornhautvernarbungen hab ich Grünen Star bekommen, den man nicht operieren kann. Ich hab zwar die Mittlere Reife gemacht und eine Lehre im Gartenbau angefangen und wollt Gartenbauarchitektin studieren. Aber meine Eltern haben mir das nicht erlaubt, sie haben gesagt: erstens ein Mädchen und zweitens schwerbehindert, sie stekken kein Geld rein.

Außer, daß ich mir Sprachen beigebracht hab, ein bissel Maschinenschreiben und auch versucht hab, im Bayerischen Rundfunk ein paar Sachen zu machen – ich hab Betthupferl geschrieben, hab so ungefähr zehn bis zwölf veröffentlicht – bin ich mir ziemlich unnütz vorgekommen. Meine Kinder sind aufs Gymnasium gegangen, und so war eine Zeit einfach 's Geld knapp. Eines schönen Tages kam meine Nachbarin zu mir und sagt: Können Sie mir nicht helfen? Ich hab einen Auftrag in Heimarbeit, der ist mir einfach zuviel, und wenn ich den nicht schaff, krieg ich keinen mehr. Das waren Platinen, die man mit kleinen elektrischen Teilchen – Kondensatoren – bestücken mußte. Ich bin dann auch zu der Firma

gegangen, und die hat mir einen Kompressor ins Haus gestellt. So hab ich einen Monat lang Platinen bestückt, das war damals eine ganz lukrative Arbeit für mich.

Meine Arbeit haben sie mir gar nicht erklärt, was und wofür das ist. Ich hab erfahren, eine Art Schaltkreis für Autos. Du sitzt da, machst deine Handgriffe und fertig! Das ist jetzt in der Fabrik noch genauso. Da arbeiten die Frauen jahrein, jahraus an den Teilen und machen sich oft gar keine Gedanken, für welche Maschinen die sind. Wenn man nicht grad ein Teil für einen Plattenspieler macht – soviel Phantasie hat man noch – oder wenn man nicht direkt den Meister fragt, macht man vielleicht Teile für Textilmaschinen oder für Autos und hat nie eine Ahnung, nie einen Bezug dazu.

Eigentlich eine ganz blöde, simple Arbeit, man braucht überhaupt nicht zu überlegen, es geht ganz automatisch. In Heimarbeit kannste, wenn's dir zuviel ist, aufstehen und was anderes machen, aber wenn man das den ganzen Tag in so einem Betrieb im Akkord machen muß und keine Möglichkeit hat aufzustehen, ist das eine ganz fiese Sache.

Ich hab ganz schön verdient, aber nach einem Monat war Schluß. Da ist der Auftrag storniert worden, angeblich, weil die Automobilfirma die Platinen nicht mehr brauchte. Aber ich hatte schon ein bißchen, na ja, Blut geleckt oder auch einfach Vertrauen gewonnen und gedacht: Wenn ich das zu Haus machen kann, dann kann ich's im Betrieb auch, hab die Zeitung hergenommen und den nächsten besten Betrieb rausgesucht. Damals, 1970 im Januar, war ein ziemlicher Boom, da suchten sie Leute. Zusammen mit der Nachbarin, die auch ihre Arbeit verloren hatte, bin ich hierher, in diese Gießerei, gegangen. Sie brauchten Frauen für die Kontrolle. Ich hab ja gewußt, daß ich mit meinen Augen nicht so gut sehe und hab gedacht, irgendwie wirst du dich schon durchschlagen. Ich hab natürlich nicht gesagt, daß ich schwerbehindert bin, hat auch niemand danach gefragt. So hab ich als Hilfsarbeiterin angefangen, Leichtlohngruppe, niedrigste Stufe.

Die erste Zeit hab ich's sehr schwer gehabt, weil ich überhaupt keine Ahnung hatte, wie so ein Betrieb funktioniert.

Aber wenn ich nicht mehr weiter wußte, hab ich jeden angerempelt, der da rumgestanden ist, ein bißchen besser ausgeschaut und kontrolliert hat, ob das jetzt mein Meister war oder sonst wer. Und wie ich dann mit der Arbeit einigermaßen zu Rande gekommen bin und auch gemerkt hab, wie die Sache so läuft mit den Kollegen und Kolleginnen und dem Meister, daß manche bevorzugt werden, andere benachteiligt, ganz so nach deren Nase, mit Prämien usw., bin ich halt, wenn Betriebsversammlung war, aufgestanden und hab gesagt, das und das gefällt mir nicht.

Ich war noch nicht mal ein halbes Jahr im Betrieb, als 1970 Betriebsratswahlen waren, und weil die ganzen Ersatzleute aufgebraucht waren, sind sie zu mir gekommen: »Du redest sogar in den Betriebsversammlungen, so jemanden brauchen wir«, und ob ich nicht Betriebsrätin machen würd. Aber damals, nach dem 1952er Betriebsverfassungsgesetz, war noch ein Jahr Betriebszugehörigkeit bis zur Wählbarkeit Vorschrift. Und so hab ich mich dann erst 1972 bei der nächsten Wahlperiode aufstellen lassen.

Vorher schon hatte ich dadurch, daß ich ein bißchen Sprachen kann, vor allem den ausländischen Kollegen und Kolleginnen immer geholfen. Ich hatte mir einen kleinen Rechenschieber gekauft und hab den Kollegen, die mit der Berechnung ihres Akkords nicht richtig hinkamen – denn da mußt ja schauen, daß du genau hinkommst und auch nicht zuviel machst –, das schnell mal ausgerechnet. Sie waren recht dankbar, und so hab ich eigentlich gedacht, na ja, wenn das so ist, dann mach ich Betriebsrätin. Bin auch reingewählt worden, seit 1974 freigestellt und seit 1975 zweite Vorsitzende.

Schon vorher, 1971, bin ich in die Gewerkschaft gegangen. Da war mal eine Werbekampagne. Ich hab von Gewerkschaft nur etwas gewußt, weil mein Mann bei der Gewerkschaft war, und dadurch ist immer die Gewerkschaftszeitung ins Haus gekommen; die hab ich mit Interesse gelesen. Mein Mann nicht. Und ich hab das zwar immer eine prima Sache gefunden, aber irgendwie war das für mich doch eine andere Welt, ich hab keine Beziehung dazu gehabt. Erst, wie ich in den

Betrieb gekommen bin und ganz neue Erfahrungen gemacht hab . . . Und parteipolitisch war es auch so, ich hab immer geschaut, daß bei uns – ich wohn draußen auf dem Dorf – ein SPD-Ortsverein gegründet wurde. Die anderen Parteien lagen mir nicht.

Mein Mann hat am Anfang, als ich anfing zu arbeiten, sehr schlecht reagiert, hat auch mit Scheidung gedroht. Er hat gesagt: Er kann sich keine Ehe vorstellen, in der die Partner gleichberechtigt sind, so eine Kameradschafts- oder Kollegenehe. Er hat mir immer ein bißchen gezeigt, daß ich im Grund ein hilfloses Wesen bin, vollständig von ihm abhängig. Und er konnt nicht begreifen, daß ich auf einmal in die Fabrik gehe, arbeite und mich da durchsetze. So mit der Zeit hat er's dann begriffen. Ich hab gesagt: »Gut, wenn du die Scheidung willst, das mach ich. Ich hab zwanzig Jahre lang die Hausfrau gespielt, jetzt möcht ich auch mal schauen, was ich wirklich schaffen kann.« Er war natürlich sehr verblüfft, daß sich das auf einmal so lawinenartig entwickelt hat, mit dem Betriebsrat, mit der Partei . . . Jetzt sagt er nix mehr, er ist 18 Jahre älter als ich und ist jetzt pensioniert. Ich hab eigentlich keine Schwierigkeiten mehr, im Gegenteil, er hilft mir jetzt schon viel im Haushalt, so daß ich's doch relativ gut schaffen kann. Dies ist schon ein Ausnahmezustand. Viele Frauen haben's nicht so gut wie ich, haben noch kleinere Kinder und einen Mann, der mehr von ihnen im Haushalt verlangt. Meine Kinder sind inzwischen aus dem Haus, der ältere studiert Medizin, der jüngere ist Facharbeiter, auch im Metallbereich, will aber jetzt weiterstudieren.

Die Kinder sind natürlich hell begeistert, die sind immer auf meiner Seite, denen gefällt das. Sie haben natürlich auch mitgekriegt, daß ich in der Ehe irgendwie doch – na ja, ich möcht nicht sagen – unterdrückt worden bin. Aber mein Mann ist eine Generation älter und hat eine andere Vorstellung von Frau und Ehe. Er hat gemeint, er kann seine Vorstellung von Ehe verwirklichen, jahrelang hab ich Ja und Amen gesagt. Ich hab mich so quasi mit meinen Kindern emanzipiert, es hat sich fast gleichlaufend entwickelt. In dem

Moment, wo sich meine Kinder von der Familie emanzipiert haben, hab ich mich von meinem Mann emanzipiert.

Meine Eltern kommen beide aus dem Kleinbürgertum, sind Kleinunternehmer. Meine Großmutter hatte in Breslau eine Schneiderei mit 25 Mädchen. Der Großvater hatte einen Steinmetzbetrieb, den hat er ziemlich versoffen. Mein Vater war Ingenieur bei der Bundesbahn, hat sich auch so ein bißchen, ja, privilegiert kann man nicht sagen, aber doch irgendwie zum Mittelstand gehörig gefühlt. Meine Mutter ist eine Metzgers- und Wirtstochter. Die hat sich eigentlich immer als was Besseres empfunden, sie hat mich aufs Gymnasium geschickt. Ich weiß noch, als Kind, wenn wir an Fabriken vorbeikamen, hat sie immer von Fabrikarbeitern in bedauerndem, aber geringschätzigem Ton gesprochen, so daß ich eigentlich gar nicht vorgeprägt war für das, was ich jetzt bin. Mein Vater ist heut noch ganz entsetzt darüber, ich darf in der Familie gar nicht damit rausrücken, daß ich jetzt Gewerkschaftsarbeit mache und in der Partei bin, und noch rot dazu! Er ist sehr schockiert, daß sich eine seiner Töchter so »unterm Niveau« entwickelt hat.

In dieser Druckgießerei sind 335 Leute beschäftigt, davon 250 gewerbliche Arbeitnehmer und davon wiederum 90 Ausländer, in der Mehrzahl Türken, meistens Ehepaare, aber auch Italiener und Jugoslawen. Am Anfang hatten wir recht große Schwierigkeiten, weil die türkischen Männer während der Arbeitszeit immer ihre Frauen kontrolliert haben, ob sie ja auch ihren Akkord schaffen. Sie sind bös geworden, wenn sie gesehen haben, daß der Akkord nicht gestimmt hat. Das ist so weit gegangen, daß die Abteilungsmeister, z. B. in der Stanzerei, den Männern sagen mußten, sie dürfen nicht mehr kommen.

Mit den Ausländern hab ich natürlich im Betriebsrat recht viel zu tun. Meistens kommen sie zu mir. Vor allem kommen die Ausländer, die behindert sind und Schwierigkeiten mit dem Gesundheitsamt und allen möglichen anderen Ämtern haben. Ich helfe ihnen Formulare und behördliche Anträge auszufüllen für Wohngeld, Kindergeld, fürs Arbeitsamt, für die Krankenkasse usw. Auch Schulprobleme werden angesprochen. Sie kommen auch mit privaten Problemen, ob ich nicht irgendwo Möbelstücke hätte, sie bräuchten ein Bett, oder sie brauchen für die Kinder eine Pflegemutter . . . eigentlich mit allem. Da sind schon Frauen gekommen, die haben sich mal bei mir eine halbe Stunde ausgeweint, wenn sie mit den Nerven fertig waren.

Die Ausländer haben eine andere Mentalität, sie sind sehr stolz und sehr empfindlich. Sie sind auch unsicher wegen der Sprache, man muß schon sehr aufpassen, daß man sie nicht irgendwie kränkt. Anfang der 70er Jahre, als sehr viele Ausländer gekommen sind, haben wir angefragt, ob die Firma nicht Sprachkurse machen könnte, aber das wurde abgelehnt.

Die ausländischen Männer arbeiten vor allem in der Gießerei, da haben wir kaum noch Deutsche. Den Deutschen ist die Arbeit zu anstrengend, es ist ein Dreischichtbetrieb mit Wechselschicht, d. h. jede Woche eine andere Schicht, also Frühschicht, Nachmittagsschicht und Nachtschicht. Dann ist in der Gießerei durch die Dämpfe sehr, sehr schlechte Luft. Es wird zwar versucht, mit riesigen Ventilatoren die Luft abzusaugen, aber an manchen Tagen, bei bestimmten Wetterverhältnissen, gibt es doch einen Stau. Außerdem müssen sie mit Spritzmitteln die heißen Formen ausspritzen, das gibt zusätzlich Dämpfe, nicht nur von den Schmelzöfen, sondern auch von den Spritzmitteln. Vor allem ist es dort sehr laut, durch die Ventilatoren, und wenn die Druckgießmaschinen zufallen – wir nennen das den Schuß – gibt es einen sehr lauten Knall. Die Arbeit ist außerdem sehr gefährlich. Jetzt sind die Druckgußmaschinen z. T. ja schon automatisiert, aber am Anfang mußte das flüssige Metall mit großen Kellen, wie Suppenkellen, von Hand aus dem Schmelztiegel in die Form gegossen werden. Oder wenn z. B. in die Warmhaltetiegel oder in die Schmelzöfen Wasser oder sonst irgendwie Flüssigkeit reinkommt, kann das sehr gefährlich werden. Das gibt eine Verdampfungsexplosion, die flüssige Metallmasse kann bis zur Decke hochspritzen. Die Leute müssen schon sehr aufpassen.

Die drei oder vier Deutschen, die dort arbeiten, sind Vorarbeiter und Schichtmeister.

Dann gibt's bei uns natürlich auch Abteilungen, wo speziell die Ausländerinnen arbeiten, das ist vor allem in der Handentgratung und in der Stanzerei. Ich bin jetzt acht Jahre in diesem Betrieb, und am Anfang waren in der Handentgratung noch sehr viele Frauen beschäftigt. Da standen sie dann in Reihen und haben die Teile entgratet, d. h. die scharfen Kanten und Ecken wurden mit der Hand von den Metallteilen abgefeilt. Das ist eine sehr harte und unbeliebte Arbeit. Man muß den ganzen Tag halb gebückt stehen, nur manchmal, bei kleineren Teilen, kann man sich auch hinsetzen; manchmal braucht man Schraubstöcke, dann werden die Teile mit der Hand glattgeschrubbt, alles im Akkord. Die Frauen verbringen dann den ganzen Tag in einer unnatürlichen Haltung, sehr oft kriegen sie Bandscheibenschäden. Das ist wirklich sehr, sehr harte Arbeit. Dreißig Frauen haben so gearbeitet. Durch den Einsatz neuer Technik konnten in der Handentgratung allmählich Arbeitsplätze eingespart werden.

Als die automatischen Füllvorrichtungen in die Gießerei gekommen sind, haben die Männer schon mal den ersten Stanzschnitt gemacht, dadurch ist auch die Stanzerei verkleinert worden, man hat nicht mehr im Zweischichtbetrieb gearbeitet. Aber die Entwicklung wird noch weiter laufen, der erste Industrieroboter ist schon bestellt. Dann braucht man überhaupt niemanden mehr an der Druckgießmaschine, es wird vollautomatisch gegossen, gestanzt und die Teile von einer Maschine zur anderen überführt. Der ganze Vorgang läuft ohne menschliches Zutun ab. Man braucht für die Maschine nur noch einen Facharbeiter, die ganzen Arbeitsplätze der Ausländer sind dann natürlich passé, auch für die Frauen. Rein vom Humanen gesehen, ist es gut, daß diese Arbeiten nicht mehr gemacht zu werden brauchen, aber wo können die Leute noch arbeiten? Wir können nicht gegen den Fortschritt sein und Maschinenstürmerei betreiben, wenn man sieht, wie hart die Arbeit ist. Es ist wirklich ein Fortschritt, aber auf Kosten der Arbeitsplätze.

Ja, die ganze Sache mit der Rationalisierung ist eigentlich gar nicht so spektakulär, daß man meinen könnte, auf einmal werden ganze Hallen geschlossen und die Leute verlieren auf einen Schlag ihre Arbeitsplätze. Das geht schön still und leise. Es ist eine Sache von Jahren, die Leute werden einfach nicht mehr eingestellt. Lautlos geht das vor sich. Jetzt kommt der erste Roboter, man gewöhnt sich ein bissel dran, und auf einmal sieht man, daß schon der zweite dasteht, und dann kommt die NC-gesteuerte Maschine. Ob das ein Fortschritt ist? Inhumane Arbeitsplätze hat's schon einige gekostet, aber bis jetzt hat's noch keine neuen Arbeitsplätze gebracht.

Für mich ist eigentlich die Gewerkschaft das, was mich vor allem interessiert. Diese ganze Problematik hat mich auch dazu gebracht, mich parteipolitisch zu betätigen. Ich bin in die Partei eingetreten, die der Gewerkschaftsbewegung nahesteht bzw. die gleichen Ursprungs ist. Ich bin jetzt zweite Vorsitzende im Ortsverein und Kreisvorsitzende des Arbeitskreises der sozialdemokratischen Frauen (AsF). In der Partei ist es sehr schwierig, weil die Frauen, die selber nicht arbeiten, also nur Hausfrauen sind, sich im Grund – wie ich früher auch – die Arbeit im Betrieb gar nicht vorstellen können. Man muß ihnen diese Probleme irgendwie erst nahebringen. Ich halte es für besonders wichtig, die gewerkschaftlichen Forderungen, die ja oft weitreichender sind, auch auf Parteiebene zum Ausdruck zu bringen, um Verständnis für unsere Probleme in den Fabriken, vor allem für die Probleme der Arbeiter, zu wecken. Denn in der Partei sind die wirklichen Arbeiter unterrepräsentiert. Ich war letztes Jahr auf einer Bundesfrauenkonferenz. Da waren von 250 Delegierten nur vier Arbeiterinnen, eine davon war ich. Die anderen sagen zwar, wir sind alle Arbeitnehmer – gut, das akzeptier ich schon, wenn jemand im Büro arbeitet oder als Wissenschaftlerin oder als Lehrerin – aber der wirkliche Arbeiter, der in der Fabrik steht, der Akkord und Schicht hat und dort wirklich das ganze Arbeitsleid erfährt, der ist in der Partei einfach unterrepräsentiert.

Man kann's sich ja auch vorstellen, warum. Weil es wirklich sehr schwer ist, wenn man den ganzen Tag im Betrieb steht und sich dann noch in der Freizeit mit Politik befassen soll. Das ist fast nicht mehr zu machen, für eine Frau gleich gar nicht, durch die Doppelbelastung im Haushalt.

Letztes Jahr war ich in der Antragskommission, wo die Anträge für den Parteitag vom Bezirk Südbayern ausgearbeitet wurden. Ich hab den Antrag zur Frauenarbeit ausgearbeitet. Es ging da um das Problem der Arbeitslosigkeit der Frau, das Recht auf Arbeit für die Frau, damit ihre Stellung in Beruf und Gesellschaft gefestigt wird; um Möglichkeiten, wie die Benachteiligung der Frau durch die Kinder ausgeglichen werden kann, z. B. durch Babyurlaub für beide Elternteile usw. Dann ging es auch um die Quotierung bei öffentlichen und halböffentlichen Dienststellen oder Unternehmen, die durch öffentliche Gelder gestützt werden. Wir hatten gefordert, daß die auch Frauen einstellen, denn es ist ja bekannt, daß sehr viele Betriebe einfach keine Frau nehmen, weil die Frauen oft fehlen, wenn sie Kinder bekommen. Wir forderten natürlich auch Arbeitszeitverkürzung, damit die Frauen mehr Zeit für sich und für die Familie haben.

In den letzten Jahren, bis Mitte der 70er Jahre, war die berufstätige Frau in der Öffentlichkeit eigentlich im Kommen. Und jetzt auf einmal spürt man überall, daß die Frauen in ihre Hausfrauenrolle zurückgedrängt werden. Das hängt zum einen damit zusammen, daß die Frauen doch noch die Reservearmee sind. Und zum anderen, daß sie auch ziemlich leicht in die Familie zurückgelockt werden können, wenn man einfach das Frauenideal wieder ein bißchen darauf trimmt. Viele Frauen, die vielleicht noch nicht das Bewußtsein über ihre gesellschaftliche Stellung haben, begreifen das eigentlich nicht, nehmen's einfach hin. Wenn die Kinder heute in der Familie und in der Schule geschlechtsunspezifisch erzogen werden könnten, wär schon viel gewonnen. Wenn heute ein Mädchen sagt, sie will Werkzeugmacherin werden, stellt sich erst mal die Familie auf den Kopf, zweitens wird sie kaum einen Betrieb finden, der sie nimmt.

Vor allem müßte man mal die Vorurteile bei den Männern abbauen. Teilweise sind die Frauen selbst schuld, wenn sie die männlichen Kinder als kleine Paschas erziehen und ihr Bewußtsein erst gar nicht in die Richtung bringen, die man sich als Frau wünschen würde. Es muß von der Familie ausgehen, aber da sind halt die Mädchen immer benachteiligt, und sie nehmen's auch hin. Wenn dann die Frauen arbeiten gehen, grad so als Hilfsarbeiterinnen, haben sie im Hinterkopf ja immer noch den Rückzieher in die Familie. Obwohl sie im Grund wissen, daß sie gar nicht mehr aufhören können, weil der Mann zu wenig verdient.

Die Betriebsratsarbeit ist schwer, wenn man sich emotionell sehr in die Sache reinhängt. Der Betrieb ist keine soziale Einrichtung. Das ist am Anfang auch mein Fehler gewesen, daß ich mich emotionell sehr engagiert hab, den Leuten hab helfen wollen, weil sie mir sympathisch waren. Wenn man dann eine Niederlage erleidet, hängt man durch. Das macht einen echt kaputt. Du mußt ja auch dein Herz bewahren, kannst nicht einfach ein Paragraphenroboter werden, damit dich das persönlich nicht zernagt. Du bist zwar voll für den Arbeitnehmer da, um für seine Rechte und den Schutz, den man durch diese Rechte erreichen kann, zu kämpfen, aber du brauchst eine gewisse Distanz. Anders packst du das nicht. Man muß wirklich lernen, rational anzupacken, genau wie ein Arzt, der kann auch nicht bei jeder Krankheit, bei jedem Menschen, den er leiden sieht, schreien.

Ich könnte mir nach rein bürgerlichen Vorstellungen ein herrliches Leben gönnen. Mein Mann ist pensioniert, der hat sich ein kleines Haus auf den Kanarischen Inseln gebaut, den halben Winter ist er unten und ich bin hier und arbeite. Ich könnt mich in den goldenen Käfig verkriechen, aber ich mag nicht. Wenn ich daheim sitzen und meine Krankheit pflegen würde, wär ich vielleicht schon längst erledigt. Aber ich darf mich nicht gehen lasssen, muß mir immer wieder ein Ziel stecken.

Ich muß ständig Tropfen nehmen wegen meiner Augen, alle zwei bis drei Stunden, die schlagen furchtbar auf den

Kreislauf. Das ist eine ständige Anstrengung, aber auch die einzige Möglichkeit. Für den Arzt ist es im Grunde ein Rätsel, daß ich noch sehen kann. Wenn ich heute schlapp machen würde, weiß ich genau, wäre es aus. Wenn ich ganz ehrlich bin, ist es auch mit ein Antrieb, nicht der einzige, aber doch auch ein Antrieb, mich so aktiv zu betätigen. Jeden Tag muß ich mir halt jetzt erkämpfen.

Für mich hat diese Arbeit eine ganz neue, faszinierende Welt aufgeschlossen, sie hat mir rein persönlich sehr viel gebracht. Ich bin mit Problemen konfrontiert worden, die mir vorher völlig fremd waren. Vor allem hab ich auf einmal Erfahrungen sammeln können, die ich vorher als Nur-Hausfrau, als Heimmütterchen, nicht einmal geahnt hab. Ich hab alles nur so am Rande mitgekriegt, Gewerkschaft, Streik, und auf einmal bin ich dann wirklich mittendrin gestanden, hab die Arbeitswelt kennengelernt, die Männerwelt und wie die halt ist, so ganz anders. Ich hab mich echt zu einer ganz anderen Persönlichkeit entwickelt. Ich bin sehr viel selbstsicherer geworden. Vorher hatte ich zu diesen Sachen eigentlich nie eine richtige Meinung, jetzt muß ich Stellung beziehen. Ich hab Zusammenhänge kennengelernt, gesellschaftliche und politische, die mir auch Konsequenzen aufgezwungen haben, mich zu betätigen, politisch und gewerkschaftlich. Und ich hab gemerkt, daß ich eigentlich nicht so isoliert bin, sondern daß ich wirklich in der Gesellschaft einen Platz hab, den ich ausfüllen muß. Das find ich eine sehr gute Sache, und das macht mich irgendwie zufrieden.

Elisabeth M.
39 Jahre
Beruf: Chemotechnikerin

Mitglied der IG Chemie
Betriebsratsvorsitzende

Forschungsabteilung eines Chemiekonzerns
ca. 180 Beschäftigte

Es dauert lange, bis sie aufmucken

Im allgemeinen fühlt man sich in einem Betrieb mit zwei Dritteln Männern schon anerkannt, denn ich bin doch von mehr Männern als Frauen gewählt worden. Schwierigkeiten kamen nicht von den eigenen Kollegen, sondern von der Arbeitgeberseite, die sofort nach meiner ersten Aktion als Betriebsratsvorsitzende einen Einschüchterungsversuch unternahm. Zugegeben, ich hatte einen kleinen Fehler gemacht, nämlich vergessen, den Arbeitgeber über mein Zusammentreffen mit einer kleineren Gruppe von Frauen zu unterrichten und dies offiziell als Versammlung anzumelden. Ich wollte mit den Frauen über ihre Probleme sprechen. Dieser winzige Grund wurde zum Anlaß genommen, um mit mir eine Grundsatzdiskussion darüber zu führen, was ein Betriebsratsvorsitzender machen darf und was nicht. Und vor allen Dingen wollten die's bei mir als Frau versuchen. Bisher waren nur Männer Vorsitzende. Jetzt kam ihnen so 'ne Gelegenheit, und man hat sofort reingeschlagen.

Von dem Vertreter der Arbeitgeberseite kam das Argument: »Ja, bisher ging's doch auch auf andere Art, warum geht's jetzt nicht mehr?« (Man muß wissen, daß speziell dieser Vertreter der Arbeitgeberseite von Haus aus was gegen Frauen hat. Er soll sogar geäußert haben, daß er froh sei, keine Töchter zu haben, sondern nur Söhne. Oder daß seine Arbeitsgruppe immer dann am besten funktioniert hat, wenn keine Frauen drin waren; weil Männer eben »logischer« sind.) Das war für mich ein Signal. Es war nicht nur ein Angriff auf die Betriebsratsvorsitzende, auf die Vertreterin der Gewerkschaft, sondern auch ein persönlicher Angriff auf mich als Frau. Und mich hat's stolz gemacht: Sie müssen doch irgendwie Angst haben, sonst wären sie nicht gleich am Anfang mit solchen Geschützen aufgefahren.

Der neue Betriebsrat setzt sich aus drei Frauen und vier Männern zusammen. Fünf waren neu im Betriebsrat, nur zwei hatten bereits Erfahrung. Das Verhalten der neugewählten Betriebsräte in so einer Situation kannte ich nicht. Fallen einem die Kollegen in den Rücken, wenn sie merken, daß tatsächlich Widerstand kommt? Ich hatte einen Kollegen mitgenommen, der hat unheimlich toll reagiert. Er war sofort solidarisch, hat mich in Schutz genommen und die Angelegenheit als eine Sache des Betriebsrats als Ganzes und nicht nur meiner Person hingestellt.

Wie notwendig diese Solidarität ist, erfahren wir gerade jetzt in einer Zeit der Rationalisierung und Automatisierung. Es ist eine große Aufgabe der Betriebsräte, darüber zu wachen, daß die zugegebenermaßen manchmal notwendige »Rentabilisierung« der Betriebe nicht auf Kosten der darin tätigen Menschen stattfindet; d. h. die Humanität der Arbeitswelt muß immer im Vordergrund stehen.

Man hat in den letzten zehn Jahren festgestellt (ich spreche immer nur von der chemischen Industrie, bei anderen habe ich keinen Einblick), daß die Frühinvalidität, vor allem bei Frauen, aber auch bei Männern fast um zehn Jahre gesunken ist. Es gibt also wesentlich mehr Fälle von frühinvaliden Arbeitern. Nun hat man sich mal Gedanken gemacht, weil es auch teurer wird, wenn man oft mühsam angelernte Arbeitskräfte früher auswechseln muß. Der Druck von den Gewerkschaften ist auch sehr stark, speziell jetzt diese Arbeitsplätze zu untersuchen.

Erstaunlicherweise hat man festgestellt, daß es nicht hauptsächlich körperlich schwere Arbeiten sind, sondern gerade Bedingungen, die mehr an das Nervenkostüm gehen, d. h. Monotonie, nicht nur durch eine immer gleichbleibende einseitige Tätigkeit, sondern auch Monotonie vom Geist her. Man sollte das nicht unterschätzen, denn man stumpft derart ab, wenn man Wochen, Monate und Jahre die gleiche Tätigkeit machen muß und seinen Geist nicht mehr betätigen kann. Die Unfallquoten sind wesentlich höher, weil die Aufmerksamkeit und das Interesse nachläßt, und dann sind auch die

Verschleißerscheinungen dementsprechend, vor allem bei Tätigkeiten, die man den Frauen immer zugemutet hat, wo Fingerfertigkeit und gutes ausdauerndes Sehvermögen erforderlich sind. Ich weiß von einer Firma, die stellt kleine und große Isolatoren her, und speziell die kleinen werden von Frauen bearbeitet. Die Frauen umwickeln vorgefertigte Porzellanisolatoren mit ganz feinen Drähten, die man kaum mit dem Auge sehen kann, und müssen die auch verlöten. Wenn man sich vorstellt, daß Frauen den ganzen Tag mit einer Lupe und ganz kleinen Lötkolben diese Dinge zusammengelötet haben . . . also ich möchte das nicht bei zehn Stück machen müssen, da werd ich müde. Sie sagen zwar, man lernt das, aber aus lauter Angst, den Arbeitsplatz zu verlieren, haben sie sich selbst oft in die Tasche gelogen. Die Arbeit bedarf keiner großen Anlernzeit, oft nur 14 Tage. Da hat keine Frau eine Ausbildung. Komischerweise ist es so, daß Arbeiten, die man a) nur Frauen zugemutet hat und die b) aber auch besondere Befähigungen erfordern, schlechter bezahlt wurden. Das ist ein Bereich, der sehr vernachlässigt wird. Vielleicht ist es eine Erziehungsfrage, daß Frauen bereitwilliger sind, auch Dinge zu tun, die ihnen nicht liegen und nicht passen. Es dauert lange, bis sie aufmucken. Aber wehe, sie mucken auf, dann aber gewaltig!

Wie ich Betriebsrätin geworden bin? Meine persönliche und politische Entwicklung fing eigentlich an, als ich den Entschluß gefaßt hab, mich von meinem damaligen Mann zu trennen. Er war vielleicht selbst gar nicht schuld, weil er eine ganz besondere Erziehung genossen hat. Er war der Typ von Mann, der eine Frau überhaupt nicht als Mensch, geschweige denn als Partner oder als mündigen Bürger behandelt, sondern – ich möcht's mal ganz kraß ausdrücken – wie ein gekauftes Eigentum. Und sein »Eigentum« hatte zu machen, was er für richtig hielt. Ich hab das ein paar Jahre mitgemacht und immer mehr – wie mir meine Freunde später bestätigten – an Persönlichkeit verloren. Das Ganze nahm so ein Ausmaß an, daß ich eines Tages bei einem geringen Anlaß gesagt hab: »Jetzt hab ich die Nase voll, jetzt geht's einfach nicht mehr.«

Mein Sohn war damals vier Jahre alt. Ich zog aus und hab Gott sei Dank durch meine Firma sofort eine Wohnung bekommen, so daß ich mich selbständig machen konnte. Nicht jede Frau hat gleich diese Unterstützung. Es fängt schon damit an, daß man nicht weiß, wohin mit dem Kind. Wir hatten auch einen Betriebskindergarten. Insofern war es mir leicht gemacht. Nur, persönlich war's natürlich ein schwerer Weg. Man weiß zwar, da ist was falsch gewesen – aber wie fängt man jetzt an, es richtig zu machen? Das war eigentlich der schwierige Punkt.

Damals hatte ich Kollegen, die haben ganz andere Literatur gelesen als ich, z. B. Konkret oder Pardon, während ich nur die beschissene Lokalzeitung gelesen habe. Da irgendwie auf eine andere Richtung zu kommen, ist ja nicht selbstverständlich. Ich hab mich auch gern mit diesen Kollegen unterhalten. Sie sagten dann: »Mensch, endlich kommst du auf den Trichter, daß du bloß am Gängelband gewesen bist.« Und dann einmal: »Da läuft demnächst was mit dem Republikanischen Club, die machen so 'ne Veranstaltung zur Emanzipation der Frau. Geh doch mal hin!« Mit vollem Elan bin ich hingegangen, allerdings ganz kleinlaut wieder zurückgekommen, weil ich das ganze Vokabular nicht verstanden hab. Das waren hauptsächlich Studenten. Ich hab mich damals überhaupt nicht auf der politischen Ebene bewegt. Alles waren lauter böhmische Dörfer für mich. Ich hab mich gefragt: Bist du vielleicht dumm? Aber die Kollegen sagten: »Es liegt nicht an dir, sondern die haben sich so auszudrücken, daß jeder sie versteht.« Und dann war ich eigentlich gar nicht so mutlos und hab weitergemacht.

Der nächste Schritt kam dann, als ich die Trennung auch geographisch vollzogen hab und von Köln wieder zurück nach München zog. Das war beruflich auch wieder einfach, weil ich innerhalb des Betriebes versetzt werden konnte und mir auch eine Wohnung angeboten wurde. Der Kontakt in dem Kölner Betrieb war, weil er so klein war, recht gut. Jetzt mußte ich in München Fuß fassen und aufpassen, daß ich nicht wieder irgendwo versaure oder versacke, wie's vielen Frauen geht, die dann frustriert irgendwo in ihren Zimmern sitzen und das Saufen anfangen. Mir ist auch eine günstige Gelegenheit in den Schoß gefallen. Ich hab einen Kollegen kennengelernt, der politisch sehr engagiert war, und der hat mich zu einer Veranstaltung des damaligen SDS mitgenommen. So fing's an.

In so einer politischen Gruppe macht man Erfahrungen, die man sonst nirgendwo bekommt. Man lernt sich diszipliniert in einer Gruppe zu verhalten, man lernt die technischen Voraussetzungen der Diskussion, man lernt politisch denken, Andersdenkende zu akzeptieren und zu überzeugen, nicht zu überreden. Und das sind Erfahrungen, die bei Betriebsratsarbeit eigentlich selbstverständlich sein müssen. Wehe, es plumpst jemand unerfahren in dieses Milieu!

Aber trotzdem, die Schwierigkeiten waren sehr groß. Unser Betrieb war und ist immer noch – hoffentlich nicht mehr lange – ein ganz konservativer Betrieb. Ein Forschungsbetrieb, der fachlich gut ausgebildete Leute hat, die aber völlig unpolitisch sind. Und jetzt will eine Frau Betriebsrätin werden bzw. hat sich als Kandidatin aufstellen lassen. Das war schon ein Ereignis. Ich muß hinzufügen, das war damals in der Zeit, als die Sache mit Baader-Meinhof aufkam. Ich war auf der Seite derjenigen, die dafür plädierten, daß man auch politischen Häftlingen das gleiche Recht wie anderen Inhaftierten zugestehen muß. Prompt kamen Gerüchte auf, ich wäre eine Baader-Meinhof-Sympathisantin. Somit war ich abgestempelt, in eine Ecke gedrängt worden, die mir als Betriebsratskandidatin sehr geschadet hat. Mich da wieder herauszumanövrieren, war die schwierigste Aufgabe.

So hat es zwei Wahlperioden gedauert. Beim ersten Anlauf hat's nicht einmal zum Ersatz gereicht, beim zweiten Anlauf bin ich zumindest Ersatzbetriebsrat geworden. Dadurch hatte ich manchmal die Möglichkeit, mich in einer Betriebsversammlung offiziell als Betriebsratsvertreterin zu Wort zu melden, so daß ich ein bißchen bekannt geworden bin. Es hat die Kollegen doch etwas erstaunt, daß ich über Tarife oder gesetzliche Bestimmungen gesprochen hab, das hatten bisher nur Männer in Angriff genommen. Ich hab das so gemacht, daß ich beispielsweise mal einen ganz simplen Informationsbeitrag gehalten hab: Was ist ein Tarifvertrag? Wer ist davon betroffen? Für wen wird er abgeschlossen? Da kam nämlich den meisten erst einmal zum Bewußtsein, daß Unorganisierte gar keinen Anspruch auf einen Tarifvertrag haben. Ich hab das bewußt gemacht, damit sie nicht glauben, weil ich eine Frau bin, würd ich mich nur mit Frauenproblemen beschäftigen, also mit so Dingen wie Ruheplätzen oder Kultur. Auch im Betriebsrat die Schriftführerin zu machen oder den Kaffee zu kochen, auf so was bin ich gar nicht erst eingegangen. Offenbar konnte ich die Leute überzeugen, sie haben mich dann ja auch in den Betriebsrat gewählt. Das war vor drei Jahren.

Ganz wichtig ist – und wir haben das immer auf Gewerkschaftsschulungen gelernt –, daß man sich das Wissen nicht nur privat aneignet, sondern Mittelsperson ist, das Wissen wieder weitergibt. Im Betrieb sollte das so aussehen, daß nach einer Gewerkschaftsschulung oder nach einer Zusammenkunft die neuen Erkenntnisse den Kolleginnen und Kollegen mitgeteilt werden. Das hat sich bei uns mittlerweile so entwickelt: Wenn ich aus einer Sitzung rauskomme, dann stehen die Kollegen wie eine Traube um mich und fragen: »Na, was gibt's denn Neues? Was habt ihr denn beredet?« Man muß sofort darauf eingehen und nicht sagen: Das war nicht wichtig, oder: Das geht euch nichts an. Denn dies sind ja eigentlich die Kontakte oder Gelegenheiten, wo man zeigen kann, daß man für die Kollegen arbeitet. Es gibt Betriebsräte, die nur in ihrem eigenen Kreis bleiben und dann nur ihr eigenes Süppchen kochen, wo die Probleme der Kolleginnen und Kollegen mehr in den Hintergrund gedrängt werden.

Wenn man als Frau eine solche Arbeit ernst und gut machen will, kann man, wenn man verheiratet ist, auf die Unterstützung des Mannes nicht verzichten. Das muß ich wirklich ganz stark hervorheben. Denn müßte ich, wie fast alle Frauen, meinen Haushalt nebenbei ganz alleine machen und die Kindererziehung, sprich: am Abend bei den Hausaufgaben noch dabei sein oder sie überwachen, dann könnte ich das nicht leisten, was ich bisher geleistet hab. Das ist einfach zuviel. Man geht nervlich und physisch kaputt, und dann wächst's einem einfach irgendwann mal übern Kopf. Ich hab großes Glück mit meinem jetzigen Mann. Er akzeptiert mein Engagement, weil er dieselbe politische Einstellung hat und einsieht, daß man was machen muß und nur etwas verändern kann, wenn jemand es wirklich richtig in die Hände nimmt. Hier mal ein Süppchen kochen und da mal drin herumkratzen, nützt nichts. Man muß die Sache wirklich ganz ernsthaft betreiben. Und dazu braucht man eben die Unterstützung des Partners. Wenn ich mal irgendwo hin muß, dann ist es selbstverständlich, daß ich da hin kann. Es gibt Kolleginnen, die würden herzlich gerne auf einen Schulungskurs von der Gewerkschaft gehen, sie dürfen aber nicht, weil dort auch *Männer* sind. Solche Ehemänner gibt's auch noch! Oder die Männer haben prinzipiell etwas dagegen, wenn sich die Frau engagiert. Es könnte die Frau doch schlauer werden als der Mann. Das vertragen sie in den seltensten Fällen.

Ich find auch die gewerkschaftliche Arbeit außerhalb des Betriebs sehr wichtig, speziell die Frauenarbeit hier bei uns auf dem Land. Die Unterschiede zu den Frauen in der Großstadt sind groß. In München waren in unserem Frauenausschuß die meisten Angestellte. Allein durch ihre berufliche Bildung, vielleicht auch durch ein höheres allgemeines Bildungsniveau war eine ganz andere Ausgangsbasis da. Die Frauen hier (in einer Kleinstadt in Oberbayern) sind mit wenigen Ausnahmen Arbeiterinnen. Sie kommen aus solchen familiären Verhältnissen, wo der Mann wirklich noch das Sagen hat, sich als Patriarch aufführt, aber doch schon so weit ist, daß er die Frau zur Gewerkschaft gehen läßt. Die Frauen gehen auch meist noch ganz streng in die Kirche. Eine Frau mit acht Kindern sagte mal: »Das ist die einzige Möglichkeit, mich weiterzubilden, aus'm Haus zu kommen und mit anderen Frauen, die genauso denken wie ich, in Kontakt zu kommen.« Wenn man das sieht, weiß man, wie wichtig diese Arbeit ist. Anfangs dachte ich: Was bringt's, wenn ich wieder einen Tag opfern muß? Aber es ist kein Opfer. Es sind ganz andere Erfahrungen. Diese Frauen haben es wesentlich schwerer, noch schwerer als wir.

Am Anfang habe ich mich bewußt sehr zurückgehalten. Ich bin mehr im Hintergrund geblieben, damit sie nicht das Gefühl hatten, daß ich was Besseres wäre. Nun, ich hatte auch einen anderen Beruf, es war sofort zu erkennen, vermutlich auch dadurch, daß ich mich auszudrücken wußte, was den Frauen auch sehr schwergefallen ist.

Angefangen haben wir ganz einfach mit Sammeln von Zeitungsartikeln. Die Frauen sollten Artikel über Frauenarbeitslosigkeit aus allen möglichen Zeitungen ausschneiden und mitbringen. Und allein das Wiedergeben dieser Artikel in kurzen Worten war Übung, um mal frei zu reden und sich besser ausdrücken zu lernen. Untereinander reden die Frauen nur im Dialekt. Aber immer kann man ja nicht im Dialekt sprechen. Der Dialekt hemmt die Leute auch sehr. Ähnlich wie bei uns in der IG Chemie haben wir's gemacht: Zu Beginn des Abends berichtet jede einzelne aus ihrem Betrieb: was vorgefallen ist, welche Probleme es gab, was sie mißbilligen. Wir diskutieren auch über die richtige Eingruppierung der Tätigkeiten, die von Frauen ausgeführt werden. Bekanntlich sind die Durchschnittslöhne der Frauen über 30 Prozent niedriger als die der Männer. Ursachen und Möglichkeiten einer Verbesserung sollen hier erkannt werden, da durch eine zu niedrige Eingruppierung de facto die Leistung der Frauen nicht anerkannt wird, und dies bedeutet, daß bares Geld verschenkt wird. Man muß den Frauen klarmachen, daß sie sich in den bekannten Fällen unbedingt an ihre Betriebsräte wenden müssen, denn nur so besteht die reelle Aussicht auf Erfolg.

Manchmal sind es auch ganz persönliche Probleme, beispielsweise der Antrag für eine Kur. Man muß wirklich bis ins Privatleben gehen. Außerdem kann man das sowieso nicht trennen. Und je mehr ich ihnen selbst bei privaten Dingen behilflich sein konnte, desto mehr hat sich's auch rumgesprochen und desto Jüngere kamen. Anfangs war es ein Altersdurchschnitt von 45. Da kam ich mir wie ein Küken vor.

Es waren also ganz einfache Dinge, mit denen ich anfangen mußte. Und auf diese Art und Weise hab ich wirklich das Vertrauen gewonnen. Sie kommen immer zu mir: »Du, wie machts ihr des?« Oder: »Was schlägst du denn vor?« Inzwischen gibt's diese Distanz nicht mehr. Das hat mir sehr Mut gemacht, und ich möchte auch gern dabeibleiben.

Wie wichtig gerade die gewerkschaftliche Bildungsarbeit ist, kann man sehen, wenn man sich das Angebot an Unterhaltung oder konkret an Bildungsveranstaltungen bei uns hier auf dem Land einmal betrachtet. Es gibt einerseits einen Kultur-Wissenschaft-Literatur-Kreis, da fühlt sich nur die Hautevolee angesprochen, die Geschäftsleute, Lehrer und Beamte und die paar mit etwas mehr beruflicher Bildung. Auf der anderen Seite gibt's noch ein Bauerntheater und die Volkshochschule, die ein paar Sprachkurse abhält. Ansonsten, was politische Bildung anbetrifft, kann man sagen: gleich Null. Wenn die Frauen sich selber helfen wollen, brauchen sie Bildung, und sie haben begriffen, daß sie die bei der Gewerkschaft bekommen. Daß gerade in diesem Landkreis so viele Frauen kommen, mag vielleicht daher rühren, daß es hier von früher her, als das Kohlebergwerk noch in Betrieb war, eine alte Arbeitertradition gibt. Selbst wenn's nur noch der Großvater gewesen ist, der in die Grube ging, eine gewisse Tradition ist da, eine Arbeitertradition, diese Bindung zur Gewerkschaft.

Statt eines Nachworts

Interview mit Gisela Kessler, Frauensekretärin beim Hauptvorstand der IG Druck und Papier

Johanna Hund: In der letzten Zeit hört man immer wieder – auch von Frauen: eigentlich seien die Gewerkschaften Männergewerkschaften, weil sie sich vornehmlich an den Interessen der Facharbeiter ausrichten. Und die sind nun mal überwiegend Männer. Nun sitze ich Dir gegenüber, einer Frau, die hauptamtliche Funktionärin bei der IG Druck und Papier ist. Was tut die IG Druck und Papier für die Frauen?

Gisela Kessler: Frauenfragen sind für uns ein Teil der sozialen Frage und damit stets Bestandteil der Politik der Gesamtorganisation. Dennoch stellt sich die Frauenfrage, um sie noch einmal so zu nennen, heute mit besonderer Schärfe. Die krisenhafte Wirtschaftsentwicklung ging an den Frauen nicht vorbei. Im Gegenteil, sie sind von Arbeitsplatzverlusten, von Lohndiskriminierungen, von noch weniger Aufstiegsmöglichkeiten als früher, von harten Arbeitsbedingungen noch stärker betroffen, als das früher der Fall war. Auch die Angestellten, die z. T. früher noch eine gewisse Erfüllung in ihrer Arbeit gefunden haben, sind heute durch Rationalisierungen sehr stark verunsichert.

Die gewerkschaftliche Frauenarbeit unserer Organisation ist darauf angelegt, nicht eine Politik von einigen Funktionärinnen stellvertretend für die Kolleginnen zu betreiben, sondern mit ihnen.

So ist die eine Seite: Forderungen aus den Erfahrungen der eigenen Situation zu entwickeln, einzubringen, voranzutreiben; das müssen die Frauen selbst tun, denn sie sind es, die etwas zu gewinnen haben. Und die andere Seite, diese Forderungen auch durchzusetzen. Das müssen Männer und Frauen gemeinsam tun. Dazu bedarf es der Solidarität und einer starken gewerkschaftlichen Organisation. Wir müssen unsere Arbeit so anlegen, daß die Kolleginnen erkennen, sie selbst müssen ihre Interessen in den Betrieben gegen die Unternehmer durchsetzen. Sie müssen lernen, daß Diskriminierungen der Frauen im Betrieb keine privaten Schicksalsschläge sind, sondern in der grundsätzlichen Abhängigkeit der Arbeitnehmer in dieser Gesellschaft begründet liegen.

Insoweit ist der erste Schwerpunkt unserer gewerkschaftlichen Frauenarbeit die Hinwendung zum betrieblichen Geschehen. Ein Beispiel dafür ist, daß wir auf Betriebsversammlungen über die Probleme der erwerbstätigen Frauen sprechen – als eigene Themenstellung. Hier haben wir die Möglichkeit, Männer und Frauen, die gewerkschaftlich Organisierten und Unorganisierten, anzusprechen. Und vor allem können wir unsere Forderungen an die unmittelbaren Adressaten richten – an die Unternehmer.

Das kann nicht bedeuten, daß wir keine Arbeit im überbetrieblichen Bereich machen, z. B. Forderungen an den Gesetzgeber oder an die andere Tarifvertragspartei richten, gerade diese überbetriebliche Arbeit bedarf der Ergänzung durch das Ansprechen der Kolleginnen unmittelbar in den Betrieben. Und wir meinen, es ist besser, zu ihnen zu gehen, dorthin, wo sie arbeiten, als in den Gewerkschaftshäusern zu sitzen und auf sie zu warten, bis sie zu uns kommen nach einem harten Arbeitstag und noch dazu mit ihren familiären Verpflichtungen.

Johanna Hund: Die Betriebsratskolleginnen in unserem Buch berichten, eigentlich mehrheitlich, daß es sehr schwierig ist, Frauen, insbesondere Arbeiterinnen, für ihre eigenen Rechte am Arbeitsplatz zu aktivieren. Kann man das verallgemeinern?

Gisela Kessler: Wir haben es zwar mit einer wachsenden Bewußtseinsentwicklung bei den erwerbstätigen Frauen zu tun, die aber bei weitem noch nicht ausreicht, so daß die Feststellung der Kolleginnen sicher noch in weiten Bereichen zutrifft.

Man muß aber sehen, daß dieses nicht ausreichende Engagement der Frauen objektive Ursachen hat. Sie liegen insbesondere in ihrer Doppel- bzw. Dreifachbelastung, Beruf, Haushalt und Kindererziehung. Sie liegen sicher auch darin begründet, daß Frauen nicht zum politischen Handeln erzogen worden sind und noch immer die Vorstellung haben, Politik sei eigentlich Männersache. Und als Drittes muß sicher auch gesehen werden, daß es für *Frauen* schwieriger ist, am Arbeitsplatz Zivilcourage zu zeigen. Man muß sich einmal vorstellen, welche Kriterien bei einer Frau alle erfüllt sein müssen, auch rund um den Arbeitsplatz. Es geht bei ihr ja nicht nur darum, einen Arbeitsplatz zu finden, sondern sie muß nach Möglichkeit auch auf dem Weg zum Arbeitsplatz Einkäufe erledigen, die Reinigung abgeben und noch ihr Kind unterbringen können. Sie muß einen ihrer Vorbildung entsprechenden Arbeitsplatz haben.

Das wären die ersten Bedingungen. Und wenn sie einen Arbeitsplatz hat, bei dem alle diese Voraussetzungen erfüllt sind, bangt sie natürlich mehr um den Arbeitsplatz, weil sie, wie ich versucht hab zu zeigen, weit weniger mobil ist als ein Mann. Gerade gegenwärtig, durch die hohe Rate an Frauenarbeitslosigkeit, versuchen die Unternehmer das Geschäft mit der Angst zu betreiben.

Dennoch würde ich das Problem nicht so negativ betrachten wollen: die Zahl der Betriebsrätinnen steigt ständig (25000); die Zunahme der weiblichen Mitglieder in den DGB-Gewerkschaften ist überproportional hoch. Seit 1972 sind 350000 Frauen den Gewerkschaften beigetreten. Die Zahl der weiblichen gewerkschaftlichen Vertrauensleute nimmt zu. Die Mitarbeit in unseren Frauenausschüssen, in der ganzen Organisation, auch in den Schulungen, hat sich verbessert. Wenn das auch alles noch nicht ausreichend ist, so ist das doch eine positive Entwicklung.

Johanna Hund: Stehen Frauen vor besonderen Schwierigkeiten, Betriebsrätinnen zu werden?

Gisela Kessler: Frauen fürchten sich häufig davor, ein Mandat zu übernehmen. Sie haben Lampenfieber, z. B. beim öffentlichen Auftreten. Das kann man auch verstehen, denn die Ausübung eines Vertrauensamtes erfordert oft persönlichen Mut, erfordert Hilfsbereitschaft und auch Solidarität von den Kollegen, und jeder weiß, wie schwer es sein kann, vor einem größeren Kreis von Kollegen oder gar Vorgesetzten das Wort zu ergreifen. Aber ist das ein Grund zu resignieren? Soll man deshalb auf seine Rechte verzichten? Wir rufen unsere Kolleginnen auf: Macht den Sprung, der immer noch Mut erfordert, überwindet das Lampenfieber! Als Gewerkschaftsmitglieder könnt Ihr auf einen großen Vorschuß an Vertrauen rechnen.

Eine Kollegin hat einmal drei goldene Regeln für Betriebsrätinnen aufgestellt: 1. Man muß ein dickes Fell haben und ein unerschütterliches Selbstbewußtsein; 2. hieb- und stichfeste Argumente, wenn möglich noch einen Wissensvorsprung (auch gegenüber den männlichen Betriebsratsmitgliedern); 3. wenig häusliche Verpflichtungen, also frei verfügbare Zeit.

Aber alle diese Voraussetzungen fallen den Kolleginnen nicht wie von selbst in den Schoß.

Wenn wir uns überlegen, welch harten Kampf es gekostet hat, beim Betriebsverfassungsgesetz 1972 den Bildungsurlaub für

Betriebsräte zu verankern, muß es heute fast gespenstisch anmuten, wenn dieser Bildungsurlaub insgesamt nicht einmal zu 20 Prozent ausgenützt wird. Bei den Kolleginnen sind es nur 10 Prozent.

Wir führen es darauf zurück, daß es für Kolleginnen als Betriebsrätinnen schwerer ist, an einem längeren Seminaraufenthalt teilzunehmen, weil sie ihn nicht mit ihren Aufgaben in Familie und Haushalt verbinden können. Wir haben deshalb – auch mit anderen Gewerkschaften zusammen – die Vorstellung entwickelt, daß die zentralen Seminare an den Ort, wo die Kolleginnen arbeiten und wohnen, verlagert werden müssen. D. h. es geht nicht um Lehrgänge anderer Art, etwa um spezielle Frauenlehrgänge, sondern es geht einfach darum, daß die Frauen abends wieder bei ihren Familien sein können. Also nur Ort und Ausgestaltung erhalten eine andere Form, eine, die der Situation der Kolleginnen mehr gerecht wird, die Inhalte sollen die gleichen bleiben.

Wir werden immer gefragt, ob unsere Kolleginnen als Betriebsrätinnen nur spezifische Frauenfragen in den Betrieben behandeln sollen. Grundsätzlich sollte das nicht so sein, dennoch müssen wir feststellen, daß es genug Probleme gibt, die nur oder vor allem von Kolleginnen in den Betriebsräten auf Grund ihrer eigenen Erfahrung aufgegriffen werden. Ich will einige davon nennen:

Frauen werden oft als Doppelverdiener bezeichnet, und damit sollen Diskriminierungen bei Kündigungen, Eingruppierungen, Aufstiegsmöglichkeiten von vorneherein gerechtfertigt werden. Von der Lohngleichheit zwischen Frauen und Männern sind wir weit entfernt. Das gilt sowohl für die Eingruppierungen als auch für den übertariflichen Bereich.

Die Verstöße der Unternehmer gegen die Frauenarbeitsschutzbestimmungen nehmen laut offiziellen Untersuchungen laufend zu. Nach einer Untersuchung ist es eine Steigerung von 50 Prozent innerhalb eines einzigen Jahres.

Rationalisierungsmaßnahmen in den Büros werden in den nächsten Jahren zum großen Geschäft der Unternehmer.

Die Betriebsratskolleginnen kennen diese Probleme aus ihren betrieblichen Erfahrungen, und sie dürfen sich auch keine Illusionen machen, sie selbst sind herausgefordert und müssen an der Lösung dieser Konflikte in der betrieblichen Auseinandersetzung aktiv mitwirken.

Johanna Hund: Wie steht es mit dem Kampf um die Beseitigung der Lohndiskriminierung von Frauen?

Gisela Kessler: Die Lohndiskriminierung ist in der gewerkschaftlichen Frauenarbeit noch immer Thema Nummer 1. Wir haben eine Untersuchung durchgeführt, die als repräsentativ angesehen werden kann. Die Kolleginnen sind in der überwiegenden Mehrzahl in den unteren Lohngruppen eingestuft, die Kollegen dagegen in den oberen. Dies gilt durchaus auch für andere Wirtschaftsbereiche. Die Lohnungleichheit wird noch zusätzlich dadurch verschärft, daß selbst dann, wenn die Eingruppierungen tarifgerecht vorgenommen werden, in der übertariflichen Bezahlung erhebliche Differenzen bestehen. Wir haben festgestellt, daß die Differenz übertariflicher Zulagen zwischen Männern und Frauen bis zu 2 Mark pro Stundenlohn ausmacht.

Bei einer Befragung zur Eingruppierung, die wir durchgeführt haben, ist das Ergebnis, daß 61 Prozent der weiblichen Angestellten sich nicht tarifgerecht eingruppiert fühlen. Die IG Druck und Papier, die IG Chemie und auch die IG Metall haben zu einer Aktion »gerechte Eingruppierung« aufgerufen und dazu Handlungsanleitungen für die Betriebsräte in Form von Broschüren erarbeitet. Es geht hier schlicht und einfach darum, überhaupt erst einmal die tarifvertraglichen Bestimmungen in den Betrieben voll auszuschöpfen. Natürlich ist auch auf der tarifvertraglichen Ebene noch viel zu tun. Die Lohngruppen mit dem Tätigkeitsmerkmal »körperlich schwere Arbeit« sind die entscheidende »Hürde« für unsere Kolleginnen.

Wir haben schon zweimal z. B. im Bereich der Papierverarbeitung die Forderung gestellt, dieses Tätigkeitsmerkmal zu streichen und dafür aufzunehmen: »Arbeiten mit psychischer Belastung«, weil hierunter Arbeiten fallen, die vorwiegend von Frauen gemacht werden.

Übrigens muß man wissen, daß heutzutage körperlich schwere Arbeit zum Glück immer weniger wird, das gilt für Männer und Frauen gleichermaßen. Ein Weg zur schrittweisen Beseitigung der Lohndiskriminierung von Frauen ist auch, daß wir bei vielen Tarifbewegungen der letzten Jahre die zusätzliche Anhebung der unteren Lohngruppen – man kann ruhig sagen, der Frauenlohngruppen – verlangt haben und auch zum Teil durchsetzen konnten.

Johanna Hund: Wie kommt die falsche Eingruppierung eigentlich zustande?

Gisela Kessler: Natürlich haben die Unternehmer ein Interesse an der Lohndiskriminierung, weil sie dadurch Jahr für Jahr enorme Summen an Extragewinnen einstecken. Gleichzeitig muß aber auch gesagt werden, daß sich in der Vergangenheit die Betriebsräte und gewerkschaftlichen Vertrauensleute zu wenig um exakte Einhaltung der Tarifverträge gekümmert haben und so über Jahre hinweg nach traditionellem Muster *diese* Arbeiten den Frauen und *jene* den Männern zugeordnet werden konnten. Wenn die Eingruppierungen – mal am Beispiel der Papierverarbeitung – richtig vorgenommen würden, müßten mit fast gleichen Anteilen Männer und Frauen in den Hilfsarbeiter-Lohngruppen vertreten sein. Das ist aber nicht der Fall, sondern unsere Untersuchung zeigt, daß trotz Veränderung der Tätigkeitsmerkmale die geschlechtsspezifische Zuordnung zu den Lohngruppen seit 1958 fast exakt die gleiche geblieben ist.

Festzuhalten ist auch, daß seitens der Unternehmer das »Interesse« der Kolleginnen an tarifgerechter Eingruppierung insofern zugeschüttet wird, als ihnen erstens ihre Eingruppierungen überhaupt nicht bekanntgegeben werden, und zweitens durch die übertariflichen Zulagen für sie nicht erkennbar ist, wo sie überhaupt eingruppiert werden müßten.

Vielleicht noch etwas zum Erfolg unserer Aktion »gerechte Eingruppierung«: Heute wird in fast allen Betrieben über die Frage der Eingruppierungen diskutiert, und – ohne das nun statistisch erfaßt zu haben – es wird sicher Hunderte und Tausende von Höhergruppierungen geben müssen. Eine Kollegin berichtete auf der 6. Bundesfrauenkonferenz unserer Organisation dazu folgendes:

»Wir haben vor einem Jahr mit der Eingruppierungsaktion begonnen. Heute liegt das Ergebnis vor. Bisher waren alle Kolleginnen im Arbeiterbereich in Lohngruppe V. Ab April dieses Jahres sind 350 Kolleginnen höher gruppiert worden und zwar in die Lohngruppen IV und III. Bei den Höhergruppierungen handelt es sich um echte Lohnerhöhungen zwischen 0,18 und 0,80 DM für die Stunde, wobei keine übertariflichen Lohnbestandteile angerechnet worden sind.«

Johanna Hund: Einige Frauen in unserem Buch berichten davon, daß Frauen untereinander zu wenig solidarisch sind, daß sie sich auch gegeneinander ausspielen lassen.

Gisela Kessler: Sicher ist da was dran. Dieses Problem hat aber ebenso wie viele oder fast alle anderen Probleme zutiefst eine gesellschaftliche Ursache. Die Frauen in unserer Gesellschaft gelten eigentlich nur etwas, wenn sie – um es salopp zu sagen – auch einen

Mann haben. So stehen sie, um dieses Ziel zu erreichen bzw., wenn sie es erreicht haben, zu bewahren, in gegenseitiger Konkurrenz um den Mann, auch wenn dieser nicht sichtbar vorhanden ist. Das wirkt sich auch auf ihre Situation im Betrieb aus. Hinzu kommt, daß die meisten ihre Berufstätigkeit als Nebenberuf und ihre Situation als Ehe- und Hausfrau als Hauptberuf ansehen. Deshalb ist der Lernprozeß der Solidarität für sie sehr schwierig. Clara Zetkin hat einmal gesagt, daß die Arbeiter*innen* zur Solidarität – aus den eben genannten Gründen – einen weiteren Weg zurückzulegen haben als die Arbeiter.

Wir dürfen auch eines nicht vergessen: Gegenwärtig wird eine regelrechte Kampagne seitens der Unternehmer und der ihnen gehörenden Massenmedien gestartet, um die lebensnotwendige Solidarität der Arbeitnehmer untereinander zu spalten und aufzubrechen. Frauen gegen Männer, Arbeiter gegen Angestellte, Jüngere gegen Ältere, einheimische gegen ausländische Kollegen. Der Kampf um die Arbeitsplätze wird immer schärfer, und dies soll auch schließlich zur Entsolidarisierung beitragen, weil jeder glaubt, die Arbeitslosigkeit ginge an ihm vorüber und nicht sie oder er, sondern die Kollegin oder der Kollege könnten dran sein.

Johanna Hund: Wie haben sich die Frauen im Frühjahrsstreik 1978 in der Druckindustrie verhalten? Ging es damals nicht hauptsächlich um die Abwehr der existenzbedrohenden Auswirkungen der neuen Technik insbesondere bei den Setzern, also in der Hauptsache um männliche Kollegen?

Gisela Kessler: Ja. Aber zunächst eine Vorbemerkung: Wir Gewerkschaften gehen in unserem Kampf natürlich nicht von Geschlechterpositionen aus. Würden wir von Geschlechterpositionen ausgehen, dann hätten gerade bei der letzten Tarifauseinandersetzung die Frauen möglicherweise Grund zur Freude gehabt, denn die Unternehmer hätten ihnen in der Satzherstellung Arbeitsmöglichkeiten zugewiesen. Sicher ist es schlimm genug, wenn es in diesem Land nur 6 Prozent weibliche Facharbeiter gibt. Aber sollen wir deshalb zustimmen oder als Kolleginnen tatenlos zusehen, wenn Unternehmer zur weiteren Erhöhung ihrer Profitraten mit Hilfe von unausgebildeten Frauen die Facharbeiterplätze und -tätigkeiten vernichten? Das kann niemals unsere Position sein.

Zum Streik selbst: Schon 1976, aber noch mehr 1978 – übrigens auch beim Metallarbeiterstreik in Nord-Württemberg/Nord-Baden

– hat sich gezeigt, daß die Kolleginnen sehr aktiv an der Seite ihrer Kollegen gestanden haben. Sie waren in Streikleitungen vertreten, haben Streikposten versorgt, Flugblätter selbst entwickelt. Frauenausschüsse haben große Streikversammlungen einberufen und gestaltet, weil der Streik auch außerhalb der Betriebe gewonnen wird. In einem noch nie gekannten Ausmaße haben bei dem diesjährigen Streik die Unternehmer Briefe an die sogenannten »lieben Mitarbeiter« geschickt. Als bei einem Streik in Hessen 1971 in einem Chemie-Konzern den Konzernherren der Versand solcher »Mitarbeiterbriefe« über die Post zu lange gedauert hat, ließen sie an Hunderte von Haushaltungen diese Briefe per Taxi ausfahren. Daran mag deutlich werden, wie sehr die Unternehmer darauf bauen, eventuell Streikbrecher durch den Druck auf die Familienangehörigen zu bekommen. Deshalb die Flugblätter unserer Kolleginnen an die Ehefrauen unserer Kollegen mit dem Aufruf, ihre Ehepartner in diesem harten Arbeitskampf zu unterstützen. Es sind sogar Ehefrauen auf unseren Streikversammlungen aufgetreten. Eine berichtete z. B.:

»Die Unternehmer erklären immer wieder: ›Dieser Streik ist überflüssig, wir haben für jeden Betroffenen einen Arbeitsplatz.‹ Das stand auch sinngemäß so in den drei Briefen, die mein Mann von der Firma erhielt. Offensichtlich soll ich ihm Vorwürfe machen, daß er streikt, während die Unternehmer um seinen Arbeitsplatz besorgt sind. Deshalb sprechen wir zu Hause oft über diesen Streik. Wir rechnen auch mit weiteren Briefen der Unternehmer. Deshalb müssen wir unseren streikenden Ehepartnern helfen. Wir müssen ihnen die Kraft geben, die notwendig ist, diesen langen und schweren Arbeitskampf durchzustehen. Wir müssen diesen Arbeitskampf durchstehen und gewinnen, daran laßt uns alle mithelfen.«

In den beiden großen Arbeitskämpfen unserer Organisation sind unsere Kolleginnen und Kollegen zusammengewachsen. Fast möchte ich sagen, die Streikerfahrungen waren besser als tausend Schulungen. Und dies gilt nicht nur für uns. Ein Kollege von der IG Chemie, Papier, Keramik sagte zu einem Streik von Kolleginnen in Saarbrücken:

»Mal ganz ehrlich, das war ein ganz intriganter Frauenhaufen. Jede gegen jede. Neid und Klatsch. Aber während des Streiks wurde alles anders. Plötzlich war jede für jede. Ein richtig verschworener Haufen. Wer versucht hätte, sich mit einer der Frauen anzulegen, der hätte es mit allen zu tun gekriegt. Ich hab da Entwicklungen von

Frauen mitgekriegt, vom Heimchen am Herd zum bewußten Streikposten. Die hatten ihre Lage erkannt, konnten plötzlich darüber reden.«

Dennoch, Streik ist nicht etwas für alle Tage. So muß zur Solidarität der Kolleginnen, zum wachsenden Bewußtsein, zu ihrem Engagement, zur Zivilcourage gesagt werden, daß auch jede im Betrieb erfolgreich durchgestandene Aktion tendenziell die gleichen Erfolge zeigt, wie dies hier vielleicht in geballter Form über die Streikerfahrungen berichtet worden ist.

Johanna Hund: Welche Aufgaben siehst Du für die Gewerkschaften im Kampf um das Recht auf Arbeit auch für Frauen?

Gisela Kessler: Erlaub mir noch einmal eine grundsätzliche Vorbemerkung: Wir Gewerkschaften sehen in der Einbeziehung der Frau in den Berufsprozeß eine der wesentlichsten Grundlagen für ihre Gleichberechtigung überhaupt. Denn sie sind dadurch nicht auf den engen Hausbereich festgelegt, in dem sie die Außenwelt nur durch den Mann vermittelt erfahren; sie werden ökonomisch unabhängiger, ihre Chancen für die Erhöhung des Qualifikationsniveaus werden größer. Und schließlich, nur durch die Berufsarbeit sind sie für die gewerkschaftlichen Organisationen erreichbar, d. h. sie werden einbezogen in die sozialen Interessenauseinandersetzungen. Die Berufsarbeit ist eine der wesentlichsten Voraussetzungen für die Gleichberechtigung der Frau. Sie ist nicht die Gleichberechtigung selbst. Vielmehr ist es notwendig, daß Teile der Kindererziehung und der privaten Haushaltsführung gesellschaftliche Aufgaben werden. Deshalb führen wir auch die Auseinandersetzung um einen bezahlten Karenzurlaub, um Kindertagesstätten, Ganztagsschulen und Gesamtschulen. Darüber hinaus müssen die Frauen aus ihrer Situation als billige und unqualifizierte Arbeitskräfte im Arbeitsleben herausgeholt werden, denn sonst bleibt ihre minderwertige Stellung im Erwerbsleben nichts anderes als eine neue Variante der Ungleichheit. Deshalb führen wir die Auseinandersetzung um Lohngleichheit, um bessere Aufstiegschancen, um menschenwürdige Arbeitsbedingungen, um Entlastung von Lärm, Hitze und Schmutz. Von daher gesehen ist das Recht auf Arbeit auch für Frauen eine unserer Grundforderungen.

Gleichzeitig muß man sehen, daß das Problem der Arbeitslosigkeit nicht alleine auf tarifpolitischem Sektor gelöst werden kann, sondern hier sind Regierung und Politiker gefordert.

Was den Kampf gegen die hohe Frauenarbeitslosigkeit angeht, so dürfen wir als Gewerkschaften ihn nicht als bloße akademische Frage sehen. Ich meine, daß uns hier nur großangelegte gewerkschaftliche Aktionen weiterhelfen können, d. h. der Protest der arbeitslosen Frauen muß zusammengeführt werden in allgemeinen gewerkschaftlichen Aktionen. Wir müssen die Öffentlichkeit und auch die Verantwortlichen in Staat und Unternehmen herausfordern. Es darf ihnen nicht länger gelingen, die Frauen insoweit mit ihrem Schicksal zu »versöhnen«, als heute wieder über die Massenmedien, die gesamte Bewußtseinsindustrie die Rolle vom Heimchen am Herd proklamiert wird.

In den letzten Jahren sind allein 30000 *Frauen*arbeitsplätze in den Bereichen der Druck- und papierverarbeitenden Industrie vernichtet worden. Die Unternehmer zögern nicht, menschliche Arbeitskraft durch Maschinen zu ersetzen, wenn dies für sie profitabler ist. Was uns aber angesichts dieser Zahl aufgeschreckt hat, war die Tatsache, daß sich die Vernichtung dieser Zehntausende von Arbeitsplätzen so geräuschlos – ohne nennenswerte Unruhe – vollzog. Dies ließ uns fragen, ob unsere Kolleginnen in den Betrieben etwa eine schlechtere Interessenvertretung haben als die Kollegen. Wahrscheinlicher ist aber wohl, daß sie alle falschen Vorstellungen über die Frauenerwerbsarbeit aufsitzen. Gerade in diesem Zusammenhang spielen die Massenmedien eine wesentliche Rolle.

Ich möchte mich mit zwei »Argumenten« dieser Kampagne auseinandersetzen: Da wird den Frauen gesagt, sie seien »Doppelverdiener«. Die Verbreitung dieser Theorie verläuft nicht zufällig parallel zur Entwicklung der Krise. Und sie hat sogar recht großen Erfolg, wie viele Diskussionen in den Betrieben signalisieren. Hier gilt es entgegenzutreten: Wenn die erwerbstätigen Frauen – zumal bei ihrer niedrigen Lohnquote – als »Doppelverdiener« diskriminiert werden, dann nutzt diese »Argumentation« ausschließlich den Unternehmern. Diese aber kommen ungeschoren davon, obwohl sie bei hohen Gewinnraten und staatlichen Subventionen doch die wahren Doppel- und Mehrfachverdiener in unserem Lande sind.

Ein zweites Argument besagt, daß die Frauen ja ohnehin nur für den »Luxus« arbeiten. Es knüpft geschickt an das weitverbreitete Vorurteil an, Frauen sollten nur häuslichen Pflichten nachgehen, wenn ihre Männer für sie sorgen können. Wie sehen aber die Familieneinkommen aus? Selbst aus Veröffentlichungen des Statistischen Bundesamtes läßt sich ersehen, daß viele Frauen aus finanzieller Not zur Mitarbeit gezwungen sind.

Ich sehe den Begriff der finanziellen Not nicht als für alle Zeiten feststehend an. Er richtet sich jeweils nach dem Entwicklungsstand, den Bedürfnissen und Möglichkeiten einer Gesellschaft.

Und wir sagen: Heute besteht finanzielle Not auch dort, wo ein Einkommen nicht ausreicht, um Kleidung zu beschaffen, über die andere nicht geringschätzig lächeln; um eine ansprechende Wohnung zu haben und einen Urlaub so zu gestalten, daß die verschlissene Arbeitskraft wieder hergestellt wird; um für eine Ausbildung der Kinder zu sorgen, die über den Hauptschulabschluß hinausgeht.

Und was den angeblichen »Luxus« angeht: Uns konnte noch niemand erklären, warum Arbeiter und Angestellte nicht auch alle die Güter besitzen sollen, die sie mit ihren Händen und ihren Fähigkeiten schließlich selbst produzieren.

Grundlagentexte zur Emanzipation der Frau
Herausgegeben von Jutta Menschik
Zweite, erweiterte Auflage
450 Seiten, DM 12,80

Klassische Texte von Bebel, Lange, Braun und Zetkin sowie solche jüngeren und jüngsten Datums von Friedan, de Beauvoir, Millet, Firestone, Koedt, Morgner und anderen. Die knapp kommentierte Auswahl hat sich inzwischen für die Frauenarbeit in Parteien und Gewerkschaften uneingeschränkt bewährt.
„ . . . deshalb so wichtig, weil hier zum erstenmal die Texte zusammengefaßt sind, die notwendig sind, um die Entwicklung und den heutigen Stand der Frauenbewegung zu verstehen. Nach all den Salon-Diskussionen war dieses handfeste Buch einfach fällig. Als Orientierungshilfe für alle, die sich über ihre Situation klarwerden und sie dann ändern wollen."

Norddeutscher Rundfunk

Jutta Menschik
Feminismus – Geschichte, Theorie, Praxis
282 Seiten, DM 12,80

„Ich kann einen ‚Frauenstandpunkt' als Metaposition – über politisch links und rechts schwebend – nicht nachvollziehen, sondern habe mich bemüht, feministisch-fortschrittliche Tendenzen von solchen, die eindeutig der Reaktion zum Opfer gefallen sind, zu unterscheiden."

Jutta Menschik

Frauenaktion Dortmund (FAD)
Schwangerschaft und der neue § 218
Abtreibung in der BRD: Praxis und Möglichkeiten
200 Seiten, DM 9,80

Von Frauen für Frauen geschrieben: eine praktische Lebenshilfe. Zugleich ermöglicht dieses Buch den Frauen, ihre Situation im gesellschaftlichen Zusammenhang zu erkennen.

Etty, Peter und Silvia Gingold
Porträt einer Familie
Ein Bilderbuch über deutsche Zustände
Herausgegeben von Joachim Kahl/Marburg, Giuseppe Caizzone/Rom, Pierre Kaldor/Paris und Han Wielek/Amsterdam. Redaktion: Anke Wagner
Zweite Auflage, 104 Seiten, Großformat, zahlreiche Abbildungen, DM 14,80

„Der hervorragend gestaltete Bild-Text-Band dokumentiert nicht allein die tragische Geschichte einer deutschen Familie, sondern stellt ihre Problematik in den Zusammenhang, in den sie gehört: den der internationalen Öffentlichkeit. Schriftsteller, Wissenschaftler und Politiker aus Europa und Übersee kommen zu Wort. Ihre besorgten Stellungnahmen zum spezifisch deutschen Phänomen des Berufsverbots zeigen, daß ihre Kritik nicht einem irrationalen Deutschenhaß entspringt, sondern der Angst vor einer Entwicklung, die schon einmal mit der Verfolgung einer Minorität begann."

Die Zeit

Rüdiger Koch
Berufstätigkeit der Mutter
und Persönlichkeitsentwicklung des Kindes
176 Seiten, DM 14,80

Immer weniger Mütter lassen sich auf Haushalt und Kinderpflege einengen. Koch zeigt, wie mit der Einbeziehung von Frauen in den Produktionsprozeß ihr Selbstbewußtsein steigt und wie sich das Verhältnis der Mütter zu ihren Kindern verbessert. Neben stärkerem Selbstbewußtsein und größerer Unabhängigkeit des Kindes betont er die bessere Leistungs- und Durchsetzungsfähigkeit sowie die insgesamt entwickelteren kognitiven Fähigkeiten.

Siebzig Jahre Frauenstudium
Frauen in der Wissenschaft
Herausgegeben von Kristine von Soden und Gaby Zipfel
240 Seiten, DM 14,80

Seit 70 Jahren dürfen Frauen hierzulande studieren. Aber auch als Studentinnen oder Dozentinnen bleiben sie benachteiligt, selbst als Thema wissenschaftlicher Untersuchungen kommen sie zu kurz. Welche Formen hat die Frauendiskriminierung heute? Welche Ursachen? Dieser Sammelband enthält erste Ergebnisse der Auseinandersetzungen innerhalb der Frauenbewegung an den Hochschulen der BRD und Westberlins.

Wir Frauen '80
Frauenkalender voller Tips und Texte, Porträts und Karikaturen, Bilder und Daten. Genug Platz für Notizen und persönliche Termine.
320 Seiten, DM 7,–

Kinder in der BRD
Materialien – Initiativen – Alternativen
Herausgegeben von Lottemi Doormann
280 Seiten, DM 14,80

Bestandsaufnahme der materiellen, rechtlichen, sozialen, pädagogischen und ideologischen Bedingungen, unter denen Kinder in diesem Lande aufwachsen, und Anstöße zu einer fortschrittlichen Weiterentwicklung in Theorie und Praxis der „Kinderfrage“: Beispiele emanzipatorischer Kindergruppenarbeit. Behinderte und Ausländerkinder, Heimkinder, Krippe, Kindergarten, Hort. Schule. Gesamtschulinitiativen. Kinderliteratur. Kinder und Fernsehen. Arbeiterkinderorganisationen.